El poder de la oración

RAQUEL LEVINSTEIN

El poder
DE LA oración

Un **facebook** con Dios

superación

Respete el derecho de autor.
No fotocopie esta obra.

El poder de la oración
Un facebook con Dios
Raquel Levinstein

Primera reimpresión: Panorama Editorial, 2015
Primera edición: Panorama Editorial, 2015

D. R. © 2015, Panorama Editorial, S. A. de C.V.
    Manuel María Contreras 45-B, colonia San Rafael,
    06470, México, D. F.

Teléfono: 55 54 70 30
e-mail: ventas@panoramaed.com.mx
www.panoramaed.com.mx

Texto © Raquel Levinstein
Fotografía portada © happykanppy, usada para la licencia de Shutterstock.com

ISBN: 978-607-452-532-8

Impreso en México

Índice

Dedicatoria_____7

Nota importante_____8

La importancia de este libro_____9

Introducción_____14

Capítulo 1
    Un poco de historia_____19

Capítulo 2
    Entender las diferencias_____22

Capítulo 3
    Leyes espirituales universales_____27

Capítulo 4
    La oración_____35

Capítulo 5
    El poder de la oración_____41

Capítulo 6
    Ciencia y espiritualidad_____49

Capítulo 7
    La potencia espiritual: componente indispensable
    de toda creación mental_____54

Capítulo 8
    Sin perdón no es posible tocar el corazón de Dios_____63

Capítulo 9
   Lo que pidas te será dado_____67

Capítulo 10
   Pedir con conocimiento y responsabilidad_____75

Capítulo 11
   Lo que pides para los demás lo pides para ti_____79

Capítulo 12
   Voluntad divina / Voluntad humana_____83

Capítulo 13
   La gratitud: un tuiter permanente con el Eterno_____94

Capítulo 14
   Oración cuántica_____99

Capítulo 15
   El Padre Nuestro_____102

Capítulo 16
   Oración con la fuerza espiritual
   de los colores del arcoíris_____105

Capítulo 17
   La crucifixión de Cristo Jesús:
   su significado cuántico y espiritual_____110

Tu oración_____117

Bibliografía_____120

Sobre la autora_____122

Dedicatoria

A todo ser humano que anhela desde lo más profundo de su ser dejar atrás dolor, carencias, enfermedades y sufrimiento.

Para que te sea revelado el camino de la genuina libertad.

Para que descubras que el cielo está abierto para ti, y que es posible vivir en armonía y con paz entre los hombres, y que el Reino de los Cielos es posible experimentarlo en el aquí y el ahora, pues éste se encuentra tan cerca que es posible tocarlo con una simple y sencilla oración.

Tu amiga
Raquel Levinstein

Nota importante

Con la finalidad de que el contenido de este libro sea propicio para toda persona sin importar su condición socioeconómica, grado de escolaridad, edad o condición social, y atendiendo al compromiso que caracteriza a cada uno de mis libros de ofrecer herramientas genuinas de transformación y trascendencia con un contenido de alta complejidad de ciencias como la física cuántica, la biología molecular, leyes espirituales eternas y principios filosóficos universales, utilizando un lenguaje claro y accesible para todo público, se ofrece al final una amplia bibliografía, tanto de mi autoría, como de otros autores y campos del saber humano. Sólo en los casos en los que se utilice una cita textual se ofrecerá el nombre del autor, libro y casa editorial al calce de la página. Por tu comprensión, mil gracias.

La importancia de este libro

Los libros que tocan el alma
y transforman vidas también
son literatura.

Seguramente has percibido que cada día el tiempo pasa más
aprisa; que el caos, el conflicto, la violencia, la corrupción, así
como las adicciones, la neurosis, las enfermedades y accidentes fatales que incluso afectan a los niños son las manifestaciones cotidianas en nuestro vivir diario. Es evidente que
la fuerza caótica y destructiva de la materia tiende a su fin, ya
que la materia no tiene la fuerza ni el poder de reestructurarse
a sí misma. Como es sabido que ésta nace, crece y desaparece,
se vuelve obligado encontrar soluciones que nos permitan superar tanta adversidad. Si la materia no cuenta con los recursos suficientes para solucionar los problemas y limitaciones
que nos aquejan hoy en día como humanidad, es necesario
voltear la mirada hacia otra dirección.

Es evidente que, tarde o temprano, y más hoy por los
tiempos en que vivimos, las estrategias y herramientas que
sólo contienen recursos materiales resultan inadecuadas, in-
suficientes y hasta contrarias a los objetivos que se pretenden:

- Estrategias para erradicar la pobreza y la miseria,
  mientras que la pobreza crece de forma acelerada en
  el mundo.
- Aumento en el cobro de impuestos, cuando los recursos económicos cada día escasean más.

- Aumento exorbitante en los intereses hipotecarios, familias enteras que literalmente se han quedado en la calle y, por ley de inconsciencia, bancos que en vez de obtener ganancias estratosféricas han tenido que cerrar o anexarse a otra institución más sólida para sobrevivir.
- Estrategias para eliminar el narcotráfico y la drogadicción, aunque sólo vayan en aumento.
- Estrategias para eliminar o al menos disminuir la criminalidad y la violencia, pero lo que se ha pretendido eliminar se encrudece.
- Intentos para bajar de peso y erradicar enfermedades tan graves como la diabetes y, no obstante, su tendencia sigue aumentando.
- Intentos para dejar alcoholismo y adicciones y, cuando no se recurre a una fuerza espiritual, sólo se tapa el síntoma, pero la enfermedad continúa; sólo se desplaza la energía hacia una adicción diferente: la comida, la lujuria, la ira, la pereza, etcétera. Y, por si esto fuera poco, en el momento más inesperado se retorna a la adicción original, pero con más fuerza.

Podría ilustrar muchos más casos, no obstante, pienso que aquello que estamos enfrentando en nuestro vivir diario constituye la muestra más representativa para concluir que lo que estamos haciendo como humanidad no es lo correcto. Los resultados lo demuestran. Es el momento de buscar otras alternativas, otros caminos que nos permitan transformar y trascender la realidad material que nos agobia; además de encontrar la forma en la que sea posible recuperar nuestros sueños, la tranquilidad, el respeto, el amor y la armonía entre los hombres, avivar la llama de la esperanza en jóvenes y adolescentes, recuperar y proteger la inocencia de los más pequeños, descubrir la fuente de la genuina riqueza, prosperidad y abundancia de todo lo bueno.

Ahora está comprobado que todo lo que podemos captar por medio de los cinco sentidos emerge de una fuente intangible e invisible, la cual constituye la infraestructura de toda creación material. A este caudal infinito de todas las posibilidades podemos acceder mediante la conciencia, es decir, con la capacidad de *darnos cuenta*. Sí, darnos cuenta de que existe un poder de ilimitadas posibilidades, mucho más grande que todos tus errores, caídas, adversidades, limitaciones, enfermedades y carencias: Dios, tal y como tú puedas concebirlo y entenderlo.

Para comunicarnos con este Ser Supremo existe un lenguaje privilegiado que nos permite ponerle alas a los pensamientos y, con un profundo sentimiento, elevarnos hasta el corazón del Padre. Este idioma, con el cual puedes establecer un facebook con Dios, tu mejor amigo, proveedor y protector, es la oración. Sí, ¡no lo dudes!, la oración constituye la tecnología de punta más encumbrada: tecnología divina siempre a tu alcance, pues no requiere de tiempo ni de un lugar geográfico particular. Los resultados pueden ser inmediatos cuando sabes utilizar este lenguaje superior. No tienes que esperar a *la otra vida* para sentirte apapachado y abrazado por el amor y la misericordia de Dios, ya que por medio de la oración es posible conectarse al instante con la fuerza generadora de toda la vida, la fuente de donde proviene toda la creación.

Descubre el poder infinito de este recurso maravilloso, que siempre se encuentra al alcance, que no cuesta dinero ni requiere de un lugar preciso ni una hora determinada:

Llegará el día en que el hombre
haga oración desde el templo hecho sin manos.

Ese templo es tu propio corazón y te aseguro que, sin importar el fondo emocional que estás viviendo, la noche oscura por la que atraviesas o lo profundo del abismo en el que te encuentras, hasta ahí llega la mano extendida del Creador para invitarte a ponerte de pie, dirigir la mirada al cielo y descubrir que tú eres la criatura más amada de Dios. Tú eres un pensamiento divino hecho realidad y, por si esto fuera poco, recuerda que ¡estás hecho a la imagen y semejanza del Padre! Tienes la facultad de crear, transformar, trascender e incluso de descubrir que tienes alas en la mente y en el corazón, y que es posible volar por encima de toda adversidad y transformarla en oportunidad.

No obstante, la oración, aun cuando constituye un recurso maravilloso para acceder a la Dimensión de los Milagros y tocar el corazón de Dios, si no sabemos realizarla, puede generar resultados contrarios a los esperados. En ocasiones esto nos conduce a enojarnos con Dios, llenarnos de culpa y, por ende, generar dolor y sufrimiento. Entonces pensamos que Dios nos castiga, que no nos escucha, que nos ha dejado de su mano, que no le importan nuestras necesidades e incluso que tal vez ni siquiera existe.

Si bien la oración constituye un recurso de poder infinito, resulta que en realidad no sabemos cómo hacerla. Por eso, es importante que conozcas los elementos y condiciones que nos acercan o nos alejan del Ser Supremo, fuente generadora de toda la vida. También lo es que descubras la forma precisa de hacer oración y así alcanzar a tocar la mente infinita y el corazón de Dios. Que tus solicitudes no propicien resultados contrarios a los que deseas y, sobre todo, que descubras que quien hizo cielo, mar y tierra ¡está siempre contigo!

Introducción

Los milagros no están contra la naturaleza,
sino contra lo que el hombre sabe
de la naturaleza.

San Agustín

Si lo que estás viviendo se aleja de tus sueños, si el miedo, el resentimiento, la culpa, el egoísmo y la mezquindad se han apoderado de ti, si el mundo caótico y destructivo que enfrentamos día con día te estremece y atemoriza, si es que piensas que ya no hay camino que andar ni solución posible para tanto problema, alégrate: ¡Sí hay alternativa! ¡Sí hay solución! Se encuentra siempre al alcance, no tiene costo alguno ni requiere de un lugar específico o tiempo particular. ¡Descúbrela!

No lo dudes, el contacto consciente con la fuente generadora de toda la vida es el camino de esperanza para la humanidad. Te recuerdo que el Premio Nobel de Física de 2013 fue entregado al doctor Higgs, quien demuestra científicamente, por medio del *bosón de Higgs*, mejor conocido como *la partícula divina* o *la partícula de Dios*, que todo lo que podemos captar mediante los cinco sentidos, es decir, todo aquello que es de índole material o física emerge de una fuente invisible e intangible para el ojo humano. Estos conceptos ya habían sido postulados desde principios del siglo pasado, en 1927, cuando en Copenhague se reunió un connotado grupo de físicos para interpretar la mecánica cuántica, dando origen a una revolución ideológica que cambiaría todas las esferas de conocimiento: *la revolución cuántica de 1927*.

Los postulados más relevantes de dicha revolución son:

1. Todo lo que es posible captar mediante los cinco sentidos emerge de una fuente invisible e intangible, un campo mágico y fantasmagórico, un campo supracuántico del cual surgen todas las posibilidades de la realidad material, una fuerza espiritual invisible para el ojo humano.
2. La mente humana da forma a la realidad material.

Estos postulados y la demostración científica de la existencia de un campo invisible e intangible para los sentidos físicos, del cual emerge toda la creación, nos conducen a la explicación lógica y contundente de la causa primordial que da origen a la realidad caótica y destructiva que enfrentamos hoy en día como humanidad. Al encontrarnos de forma consciente o inconsciente desligados de la fuerza generadora de toda la vida, quedamos sumergidos en la fuerza caótica y destructiva de la materia. Así, al pasar por alto nuestro vínculo eterno con el Creador del Universo, nos instalamos en la noche del alma que parece no tener fin.

Date cuenta de que la realidad caótica y destructiva que enfrentamos día con día no es sino la consecuencia de nuestra conciencia materialista, la cual nos mantiene sumergidos en pozos de desolación y desesperanza, alejados del manantial infinito de la creación, de la mente de Dios. Recuerda que tú eres una amalgama sublime de cuerpo y espíritu, de materia y eternidad. Tú eres huésped distinguido de dos universos: el material, que puedes captar por medio de tus cinco sentidos, y el espiritual, intangible e invisible para los sentidos físicos.

Para ti también es posible establecer un puente entre los poderes del cielo y los poderes de la tierra por medio de la oración. Basta una mirada al firmamento para reconocer nuestra pequeñez y fragilidad humana, así como nuestra limitación física y material. Con profunda humildad, devoción y reverencia, así como lo hacen las partículas más diminutas de la materia, debemos invocar la ayuda divina, y así descubrir que es posible experimentar el Reino de los Cielos en el aquí y el ahora. Dejemos atrás la lucha que esclaviza y atormenta para vivir la libertad y el gozo que nos regala el amor infinito del Padre. Tal es el poder de la oración, que nos permite utilizar la tecnología divina, el lenguaje con el que es posible dialogar con Dios y establecer un facebook permanente con nuestro mejor amigo. Es un idioma con el cual podemos realizar cambios sustanciales en nuestra vida e incluso transformar la realidad material en todos sus ámbitos.

La Psicología Cuántica y del Espíritu, de la cual soy pionera y responsable desde hace más de 20 años, fundada en sólidos principios científicos, enriquecida con principios filosóficos universales y el conocimiento de leyes y principios espirituales, postula que, si bien es viable alcanzar los logros más significativos, tanto en el ámbito individual como en el colectivo, para que sean permanentes y siempre benéficos se hace necesario el uso del componente espiritual, intangible e invisible, no obstante perceptible por sus efectos.

Y es precisamente mediante la fuerza del espíritu que los milagros se encuentran al alcance: tanto el alcohólico como el adicto dejan adicciones, el desahuciado recupera la salud e incluso mediante las llamadas remisiones espontáneas el moribundo encuentra paz y la humanidad esperanza.

Si bien existen diferentes *pasaportes* para acceder a esta dimensión espiritual en el aquí y el ahora, un recurso infalible es la oración. Sin embargo, a pesar de que este fantástico recurso se encuentra siempre al alcance, nos encontramos ante la trágica situación de que no sabemos orar, no nos explicamos por qué nuestras oraciones no son respondidas ni por qué en ocasiones pareciera que Dios no nos escucha y que nos ha dejado de su mano.

Resulta que ante la inmensa necesidad que tenemos de religarnos a la Fuerza Suprema del Universo, de la comunión del espíritu del hijo del hombre con el Espíritu Divino, no sabemos cómo orar ni lograr que nuestras solicitudes alcancen a tocar el corazón de Dios para obtener la respuesta anhelada, para descubrir que podemos expandir la conciencia hasta el infinito y experimentar nuestra verdadera dimensión humana, y alcanzar así nuestra soberanía divina sobre cualquier conflicto y limitación material.

Es por ello que te invito a realizar un viaje mágico y especial a través de las páginas de este pequeño libro, para descubrir juntos los instrumentos que nos conducen al sendero que nos lleva de regreso a casa, ¡al corazón del Padre! Sólo te pido que lo realices con el corazón y la mente abiertos, pues el propósito es recobrar nuestra máxima dimensión humana y caminar tomados de la mano de Dios para experimentar el Reino de los Cielos en el aquí y el ahora, lugar que jamás podrá ser alcanzado con la soberbia espiritual e intelectual de quien cree que todo lo sabe y que jamás podrá ser tocado sólo con el conocimiento que otorga la razón. El gran filósofo, Immanuel Kant, quien en sus escritos hacía toda una apología de ésta, señalaba que la razón no tenía explicación alguna cuando se hacía alusión a conceptos como la vida, la muerte, el alma o Dios, pues estos conceptos rebasan, y por mucho, lo que la razón puede explicar. Así que te invito a despojarte de toda soberbia espiritual e intelectual, y con el corazón y la mente abierta, con la mirada de un niño pequeño, prepárate para recibir la llave mágica con la cual es posible abrir las compuertas del cielo y experimentar la dicha de saberte criatura amadísima de Dios.

Descubre y aplica en cada oportunidad las sugerencias que aquí se te proporcionan para establecer un contacto consciente con quien hizo cielo, mar y tierra: un facebook con Dios.

Capítulo 1

Un poco de historia

El ayer es fuente de aprendizaje
y camino de evolución.

Me gustaría compartir contigo mi propia experiencia:

Cuando tuve la oportunidad de asistir al primer aniversario en Alcohólicos Anónimos de una amiga muy querida (percibo esta cruel enfermedad desde un enfoque diferente y humano), escuché de forma repetida de labios de los propios alcohólicos que sólo mediante un despertar espiritual les había sido posible dejar la bebida y recuperar a su familia, trabajo y su vida misma. Me sorprendió y estremeció esta realidad que desconocía y que desde un punto de vista estrictamente científico parecía absurdo, pues lo espiritual no puede percibirse ni mucho menos medirse o cuantificarse. No obstante, sí es repetible y, por sus efectos, observable.

Ahí, en contacto directo con quienes padecen la cruel enfermedad del alcoholismo, escuchando en vivo y a todo color las experiencias de los alcohólicos, surgió la inquietud de investigar con profundidad y detalle el proceso de recuperación tanto del adicto como del alcohólico, que, sumergidos en un verdadero infierno, en un fondo emocional, a partir de aceptar su problema con su manera de beber, la derrota voluntaria frente a la ingobernabilidad de su propia vida y la invocación a un poder superior, como cada quien pudiera entenderlo, lograban dejar la obsesión y compulsión por beber… ¡sólo por hoy!

Hoy sé a ciencia cierta que este proceso de manera literal constituye un salto cuántico a la Dimensión de los Milagros, en la cual el alma se tiñe con la gloria del Eterno y toma la fuerza del Espíritu Divino, no sólo para dejar adicciones, sino también para transformar la realidad.[1]

Sin embargo, para llegar a esa conclusión hubo un largo camino que recorrer. Fue una investigación que comenzó en un tiempo sin tiempo. Realicé entrevistas en diferentes ámbitos socioeconómicos, asistí a los compartimientos de Alcohólicos Anónimos (sesiones en las que comparten sus experiencias, tanto en su actividad alcohólica como en su proceso de recuperación). También consulté diferentes fuentes sobre el alcoholismo y la espiritualidad. No obstante, debo confesar, sólo se multiplicaban las miles de preguntas que no lograba explicar: no había respuestas.

Tú podrás pensar que esto se debía a que yo no consultaba las fuentes convenientes, pero te aseguro que la investigación fue exhaustiva. Deambulé por los terrenos de la física, tanto la clásica como la cuántica, la metafísica, la teología, la filosofía, las religiones, etcétera. No obstante, las respuestas escaseaban y las preguntas aumentaban. Yo pretendía conocer a Dios mediante un cúmulo de conocimientos. Su influencia en la desaparición de la obsesión por beber era sólo una variable de estudio, de conocimiento; lejos estaba por sentirle como hoy le siento, conocerle como hoy le conozco, de vivir en Él y por Él, como ahora, que su presencia bendita cobra el sentido de mi existencia.

---

[1] Véase Raquel Levinstein, *Pasaporte a la Dimensión de los Milagros*, México, Panorama, 2015.

Ahora, cuando la nube gris que nublaba mi entendimiento se ha disipado, comprendo con toda claridad que ningún cúmulo de conocimientos tiene el poder de abrir las puertas del cielo. De hecho, te lo aseguro, la soberbia ciega nuestra comunión espiritual con el Eterno. También te afirmo que a Dios jamás podrás conocerlo con la razón: a Él sólo se puede acceder con el corazón.

Es por ello que con todo mi amor te pido que mantengas el corazón y la mente abiertos, que dejes de lado todo cuestionamiento racional e intelectualoide para que logres recuperar la inocencia de un niño y así atravesar las puertas del cielo, transformar la realidad material que nos agobia y cristalizar tus sueños más encumbrados.

En verdad les digo que si no se convierten
y se hacen como niños, no entrarán
al Reino de los Cielos.

Mateo 18,3

Capítulo 2

Entender las diferencias

> Sólo la oración que sale del corazón
> logra alcanzar al corazón de Dios.

No es lo mismo rezar que orar

Antes de iniciar la lectura de este libro, considero importante señalar la abismal diferencia entre el rezo y la oración.

El primero consiste en la repetición de frases u oraciones conocidas que se leen o repiten de memoria, generalmente sin sentimiento alguno. El rezo es por completo racional.

Por otra parte, la oración puede ser considerada como un diálogo personal con el Ser Supremo, donde están involucrados por igual el sentimiento y la emoción viva que surgen desde lo más profundo del corazón. Incluso las mismas frases u oraciones impresas o recordadas de memoria cuando se involucran y experimentan con sentimiento y emoción cobran la fuerza de una oración:

> Las palabras sin espíritu se las lleva el viento.

De tal manera que sólo la oración que brota del corazón se transforma en el lenguaje que nos permite comunicarnos con Dios; sólo la oración cubierta por un sentimiento vivo y profundo logra entablar un diálogo personal con tu mejor amigo, un facebook con Dios, tal como cada quien pueda entenderlo.

La diferencia entre espiritualidad y religión

Una vez entendida la enorme diferencia entre el rezo repetido sin emoción alguna y la oración experimentada desde lo más profundo del corazón, es importante señalar también la diferencia entre espiritualidad y religión:

La religión hace alusión a las creencias o dogmas, ritos y ceremonias que caracterizan a cada una de las religiones del mundo. Mientras que la espiritualidad nos permite ser conscientes de la existencia de un ser supremo que, más allá de nombres, conceptos, dogmas y ceremonias, es el mismo para todos: un ser de amor infinito que siempre se encuentra con los brazos abiertos, sin reclamo, sin reproche y sin condición; es la conciencia plena de la existencia de un ser supremo que da sustento a toda la vida y que habita dentro de cada ser vivo, el reconocimiento del poder infinito con el que contamos los seres humanos al establecer un nexo consciente con la fuente generadora de toda la vida.

Ahora, la Psicología Cuántica y del Espíritu, de la cual soy pionera y responsable, aun cuando uno de sus pilares más importantes es la espiritualidad, de ninguna manera puede considerarse como una religión. No obstante, respeta todas y cada una de las religiones, y las creencias universales que nos religan con el Ser Supremo.

La Psicología Cuántica y del Espíritu es una propuesta o enfoque psicológico conformado a partir de experiencias humanas en las cuales el *despertar espiritual* constituye un camino de conciencia, superación, libertad y responsabilidad, por el cual es posible acceder a la Dimensión de los Milagros, donde es factible experimentar la dicha infinita de conocer y experimentar el Reino de los Cielos en el aquí y el ahora.

Ya lo he mencionado en algunas de mis obras anteriores: así como Alicia logró introducirse al País de las Maravillas persiguiendo a un conejito, yo misma, mientras seguía muy de cerca el proceso de recuperación de los alcohólicos anónimos, aun cuando parecía imposible y sin siquiera imaginarlo, logré penetrar en esa dimensión invisible e intangible para el ojo humano y los sentidos físicos: el campo cuántico, o supracuántico para los físicos cuánticos, el Reino de los Cielos, la Dimensión de los Milagros. Esto cambió de forma radical mi propia vida y me permitió no sólo entender, sino experimentar algo mucho más grande que todas nuestras limitaciones materiales, problemas, errores y caídas, y que se encuentra más cerca de nosotros que el aire que respiramos, que nos permite saber que el perdón y la misericordia divina nos liberan de toda condena de inconsciencia y que su amor infinito es la esencia misma de la vida en toda manifestación, el cobijo y sustento de nuestros sueños.

Ante el nuevo panorama que sólo con los ojos del alma es posible percibir, me sentí obligada no sólo a experimentar, sino también a comprender lo que significaba un despertar espiritual y después fundamentar de manera científica este proceso transformador y liberador que permite al alcohólico, al adicto y al dependiente dejar adicciones, dolor y sufrimiento, donde el neurótico halla serenidad, el desahuciado recupera la salud, el moribundo encuentra paz y la humanidad, esperanza.

Sentía un enorme deseo de hacer explícita y tangible esta maravillosa experiencia que logró transformar mi existencia, dándole un giro de 180°, para compartirla con los demás, empezando por mi familia, colaboradores y pacientes, que en aquellos inicios eran mi fuente de inspiración y compromiso de servicio.

Hoy este maravilloso enfoque ha logrado tocar y transformar la vida de miles, tal vez millones de personas en todo el mundo, y a quienes han dado sus testimonios. Está fundamentado en sólidas bases científicas, en particular en los descubrimientos estelares de la física cuántica, considerada también como la revolución conceptual más importante de todos los tiempos, así como principios filosóficos trascendentales y leyes espirituales eternas.[1]

El paradigma de la Psicología Cuántica y del Espíritu nos permite, además, entender la dinámica de la mente en relación con la *potencia de oscuridad* (la *noche de la mente*), en donde se generan los mecanismos mentales que nos atan a la fuerza caótica y destructiva de la materia, y nos conducen al conflicto, la dualidad interior, la enfermedad, la carencia, la violencia y la destrucción, y en relación con la *potencia de claridad* (el *día de la mente*), la cual es alentada por el amor, el servicio y la gratitud. Esta última potencia constituye la fuerza espiritual que nos da las herramientas para establecer un vínculo consciente con el Ser Supremo, como cada quien pueda concebirlo.

Desde el nivel consciente, la capacidad que tenemos de darnos cuenta, es posible establecer y mantener un equilibrio consciente entre la noche y el día de la mente, es decir, instalar un puente entre los poderes del cielo (potencia de luz o fuerza espiritual o nivel supraconsciente) y los poderes de la tierra (potencia de oscuridad o nivel subconsciente en la que prevalece la fuerza caótica y destructiva tan característica de la materia). Así, por medio del autoconocimiento y el equilibrio consciente de ambas potencias, es viable descubrir nuestra verdadera

---

[1] Véase las siguientes obras de la autora: *Dile adiós al sufrimiento* (2006), *Pasaporte a la Dimensión de los Milagros* (2015) y *Pensando en ti* (2014) publicados por esta misma casa editorial.

dimensión humana, y entonces encender la chispa divina que aguarda en lo más profundo de nuestro ser para establecer el Reino de los Cielos en el aquí y el ahora, donde todas las cosas fluyen para bien y los milagros se encuentran al alcance.

Sin duda, un recurso supremo para mantener el equilibrio entre ambas potencias y un contacto consciente del espíritu del hombre con el Espíritu Divino es la oración. En esencia es un diálogo del espíritu del hijo del hombre con el espíritu de Dios, un facebook con tu mejor amigo, quien siempre te escucha sin importar el horario, la condición y la circunstancia, aquél que siempre te responde, aun cuando no lo haga como tú quisieras, pero te aseguro que siempre supera todo aquello que puedas imaginar. Por eso, es muy importante conocer y aplicar el fascinante poder de la oración y descubrir aquellas causas que limitan y propician que la respuesta a nuestra solicitud u oración parezca contraria a nuestras inquietudes, así como todas aquéllas que enriquecen y expanden el poder de la oración.

Descubre y utiliza el recurso supremo con el que contamos como humanidad para acceder a la Dimensión de los Milagros y establecer el Reino de los Cielos en el aquí y el ahora, donde es posible conducir a su fin a la noche oscura por la que atravesamos y observar cómo las sombras desaparecen, los problemas cotidianos encuentran solución y todas las cosas toman un curso magnífico, siempre para bien.

Y recuerda siempre que no es lo mismo hacer oración, que rezar o repetir de forma incansable palabras que no se encuentran cobijadas por el poder del sentimiento puro ni por la emoción viva que brota desde lo más profundo del corazón. Te digo que sin ellos la oración, por bella que ésta parezca, no alcanzará nunca a tocar el corazón de Dios.

Capítulo 3

Leyes espirituales universales

Cuando no estás con la ley,
la ley se vuelca contra ti.

Cuando intentas voltear al cielo y relacionarte de forma consciente con el Ser Supremo, es importante dejar de concebirlo como un ser castigador, cruel y vengativo. Debes entenderlo como un ser generoso, pleno de amor y bondad, quien se encuentra más cerca de ti que el aire que respiras y te ama con un amor infinito que rebasa toda comprensión y concepto racional. Sólo entonces lo concebirás como tu mejor amigo, ése que siempre está dispuesto a escucharte, quien no tiene horarios de oficina ni puertas cerradas para ti, el fiel aliado con el cual deseas mantener un diálogo constante y hacer de tu oración cotidiana la comunión del Espíritu Divino con tu propio espíritu, un facebook que llega al instante y directo a su corazón.

Es importante que sepas que Dios no castiga ni te abandona jamás. Él nunca te deja de su mano ni se aleja de ti. Aun cuando las circunstancias en ocasiones te llevan a pensar lo contrario, te pido que no olvides que tú eres su criatura amada y perfecta, eres un pensamiento divino hecho realidad, con dones y talentos inimaginables en tu mente y en tu corazón. Además, cuentas con *la llave* que te permite abrir las puertas del cielo y mantener una charla permanente con el Hacedor de cielo, mar y tierra mediante la oración, un facebook con Dios.

Entonces te preguntarás: "¿Por qué me ha ido como me ha ido? ¿Por qué todo me sale mal? ¿Por qué todas mis relaciones terminan en *ahí te ves*? ¿Por qué Dios permite tanto dolor y tanto sufrimiento? ¿Por qué existe tanta maldad y mezquindad en la humanidad? ¿Por qué tanta corrupción e hipocresía?"

No olvides que Dios nos ha concedido, entre tantos dones y privilegios, el *libre albedrío*, que no es otra cosa que la libertad de elegir lo que queremos vivir, y éste constituye uno de los dones más hermosos y favorecidos. Por ello, es importante saber que cada decisión que tomes tendrá consecuencias particulares, pues el Creador ha diseñado nuestro universo de manera perfecta y armoniosa, el cual se encuentra regido por leyes universales, que por su propia naturaleza son inalterables y, desde luego, no están sujetas a corrupción o conveniencia; si metes la mano al fuego, ¡no lo dudes!, te vas a quemar, aun cuando te consideres una buena persona y creas que no le has causado daño a alguien. Asimismo, si una persona que no sabe nadar se mete a un mar agitado, incluso si es una santa, se va a ahogar. Recuerda: "No tentarás al Señor, tu Dios".

Es por ello que es importante conocer las leyes que rigen al universo, pues puedes utilizarlas a tu favor, pero cuando las ignoras o trasgredes, la ley se vuelca contra ti, no como castigo divino, sino como consecuencia de tus decisiones y acciones. Estas leyes universales son conocidas como *Los siete principios herméticos* citados en *El Kybalión*:[1]

1. *Ley del mentalismo:* "El todo es mente, el universo es mental". Todo en el universo emerge de una sola fuente: la mente de Dios. Es también con nuestra propia

---

[1]   Los Tres Iniciados, *El Kybalión*, México, Prana, 2013.

mente que tenemos el poder de crear, bien sea un infierno o bien sea un paraíso. La decisión depende de cada uno de nosotros: es la Mente Divina, el campo intangible e invisible a los sentidos físicos, la fuente generadora de toda la vida de donde emergen los pensamientos divinos que se manifiestan en vida y ensamblan toda la creación.

2. *Ley de correspondencia:* "Como es arriba es abajo; como es abajo es arriba". En todos los planos de existencia, tanto visibles como invisibles al ojo humano, existe una correlación o correspondencia, es decir, lo que acontece en el mundo subatómico con las partículas más diminutas de la materia también ocurre en el comportamiento de las células de nuestro cuerpo, así como en la dinámica de nuestra mente: la mente del Padre es la fuente generadora de toda creación. Nuestra mente que está hecha a la imagen y semejanza del padre, por tanto, también tiene la capacidad de crear y transformar la realidad. Como es en el cielo es en la tierra, como es en la mente del Padre es en mi propia mente, como es en mi mente es en la realidad.

3. *Ley de vibración:* "Nada descansa, todo se mueve, todo vibra". Todo en el universo vibra de distinto modo, ya sea en baja, media o elevada frecuencias vibratorias; nuestros pensamientos y sentimientos corresponden al aparato vibratorio que tenemos y con el cual podemos descender hasta los lugares más densos y oscuros, generando y atrayendo (por la ley de atracción) dolor y sufrimiento, o bien, encumbrarnos hasta los pensamientos de Dios cuando se elevan como ángeles hasta los sitios más encumbrados de frecuencia

vibratoria. Tal es el caso cuando hacemos oración desde lo más profundo del corazón. Para los Tres Iniciados este principio hermético explica que "las diferencias entre manifestaciones de materia, energía, mente e incluso espíritu son resultado de las diferentes frecuencias vibratorias [...] la vibración del espíritu se encuentra en un rango de intensidad y rapidez infinitas. Tan es así, que parece que se encuentra en reposo". Con la oración es posible elevar nuestros pensamientos y sentimientos hasta el corazón de Dios y experimentar la sensación viva de su presencia de luz que nos cobija.

4. *Ley de polaridad:* "Todo es dual, todo tiene dos polos; todo tiene su opuesto [...] Los opuestos son idénticos en naturaleza, pero diferentes en grado. Los extremos se encuentran". Este principio hermético señala de manera destacada que los extremos se tocan y en esencia son lo mismo. Tal es el caso del día y la noche, el frío y el calor, el hambre y la saciedad, el amor y el odio, incluso el fondo emocional o la derrota voluntaria, como cuando decimos: "Señor, yo no puedo con esto, échame la mano". Es una realidad que el hombre y la mujer nunca están más cerca de Dios que cuando, con profunda humildad, realizan la derrota divina del alma para invocar con devoción y mediante la oración a su Creador y experimentar la comunión espiritual del hombre con Dios.

5. *Ley del ritmo:* "Todo fluye, fuera y dentro, todo tiene sus mareas [...] Todo lo que viene va, todo lo que va regresa, todo lo que sube baja, todo lo que baja sube". Esta ley nos habla, entre otras cosas, de que todo

aquello que se siembra será lo que cosecharemos: *Quien siembra vientos cosechará tempestades.* También nos dice que: "Todo el que se engrandece será humillado y el que se humilla será engrandecido".[2] Si te fijas, mediante esta ley es posible entender por qué la humildad o derrota resulta indispensable para emprender un vuelo hasta el corazón de Dios, penetrando en la Dimensión de los Milagros o campo invisible e intangible como lo propone Higgs, ya que sólo lo que baja puede subir. Los herméticos señalan que siempre existe una acción y una reacción, un avance y un retroceso, una elevación y un hundimiento. Esto se puede observar en las manifestaciones del universo: soles, mundos, hombres, animales, mente, energía y materia. Cabe mencionar que por medio de la oración o diálogo consciente con Dios se propicia la elevación de los pensamientos y sentimientos hasta la mente infinita del Padre, y así, tocar el corazón de Dios, neutralizando los efectos de retroceso y hundimiento que propicia esta ley y, de esta forma, mantenernos siempre elevados, siempre experimentando lo bueno y lo mejor en cada situación.

6. *Ley de causa y efecto:* "Todo efecto tiene una causa, hay muchos planos de causación, pero nada escapa a la ley". También Aristóteles postulaba que no existe generación espontánea, es decir, que todo lo que percibimos por medio de los cinco sentidos tiene una causa u origen. De tal manera que, desde un lápiz hasta un enorme rascacielos, los descubrimientos estelares

---

[2] *Lucas*, 14,11.

de la ciencia, mismos que han marcado la cosmovisión de la humanidad en diferentes etapas de nuestra historia, han tenido su origen en el pensamiento o las ideas de alguien. Toda manifestación material emerge de un campo invisible e intangible a los sentidos físicos, es decir, no sólo lo que es observable, medible y cuantificable impacta a nuestra realidad, sino que existe una potencia que no se puede ver ni tocar y sin la cual no existe posibilidad alguna de creación. Y muy por encima de los pensamientos del hombre existen los pensamientos divinos, que constituyen la causa original de toda manifestación material. Con la oración es posible hacer de nuestra causa, los pensamientos de Dios, y por tanto experimentar como efectos cotidianos los caudales de infinitas bendiciones que surgen de la Mente Divina, del corazón de Dios. Es decir que manteniendo un contacto consciente con el Ser Supremo, como cada quien pueda entenderlo, es posible experimentar el Reino de los Cielos en el aquí y el ahora, donde todas las cosas fluyen para bien, y se experimenta una inmensa dicha en el alma y un profundo estado de paz en el corazón.

7. *Ley de creación o generación:* "El género está en todo: todo tiene sus principios masculino y femenino. El género se manifiesta en todos los planos". Esta ley, también conocida como *principio de género*, hace referencia a que los principios masculino y femenino se encuentran siempre en acción, no sólo en el plano físico, sino también en el mental y el espiritual. El principio de género tiene siempre el objetivo de generar, regenerar y crear.

En la mente los pensamientos corresponden a lo masculino, mientras que los sentimientos y emociones hacen alusión al aspecto femenino. La mente consciente, es decir, la que nos permite darnos cuenta, corresponde a la parte masculina. Por otro lado, la mente inconsciente, es decir, aquélla que no percibimos, corresponde a la parte femenina. De tal manera que cuando el pensamiento coincide con el sentimiento, estamos fecundando, es decir, dando origen a situaciones que resuenan con nuestros pensamientos y sentimientos. Recuerda que aquello que piensas lo atraes a tu vida. De igual manera, cuando la mente consciente logra coincidir con el inconsciente de nuestra mente también estamos fecundando o dando vida a aquello que imaginamos, deseamos y creemos con fervor: *Lo que crees lo creas*. Por tanto, ¡no lo dudes!, la oración que se realiza con un profundo sentimiento da pauta a la gestación o materialización de tus anhelos más profundos: el milagro esperado.

Ahora que ya conoces las leyes o principios universales que rigen nuestro universo, te invito a reconocerlas y a aplicarlas en nuestro vivir diario. De manera especial te pido que las tomes en consideración antes de reclamarle a Dios, como solemos hacerlo cuando las cosas parecen no ir del todo bien y cuando todo parece estar en tu contra. Te aseguro que tal situación o circunstancia se encuentra muy lejos de ser castigo divino y no significa que hayas caído de la gracia del Señor, pues te reitero que Él es amor en esencia y te ama de tal manera que la razón no puede encontrar explicación, pues rebasa toda comprensión y explicación material.

Ahora sabes que si no actuamos acorde a la ley divina, la cual no está sujeta a corrupción ni favoritismos, ésta se vuelca contra nosotros, no como castigo del cielo ni abandono o enojo del Creador, sino como consecuencia de nuestras acciones. Desde luego, esto debemos considerarlo como una oportunidad de aprender, crecer e incluso trascender, es decir, superar o ir más allá de nuestra limitación material. La oración o diálogo consciente con el Ser Supremo, además de convertirse en un facebook con *el Mero Mero*, te permite conquistar tu verdadera dimensión humana y manifestar en el aquí y el ahora la divinidad que hay en ti.

Capítulo 4

La oración

> Y todo lo que pidan en oración,
> creyendo, lo recibirán.
>
> MATEO 21,22

Para san Agustín la oración es "la fortaleza del hombre y la debilidad de Dios". Para Ralph Waldo Emerson la oración es "el diálogo del espíritu del hombre con el Espíritu de Dios". Para mí la oración es un facebook con tu mejor amigo, quien siempre responde, pues vive en tu corazón. Él te escucha no sólo con suma atención, sino también con amor infinito, siempre sin reclamo, reproche o condición.

La oración te abre las puertas del cielo, te permite el acceso a la Dimensión de los Milagros en el aquí y el ahora y te contacta con la fuente primigenia de toda la vida. La oración es un deseo con alas que, como un ángel, se eleva hasta el corazón del Ser Supremo, hacedor y dador de toda la vida, y retorna a ti como un estado de paz inenarrable y, cuando menos lo piensas, el milagro toca tu vida como una bendición que supera tus más enaltecidos sueños.

La oración también incluye la fe o creencia en un Ser Superior, es el recurso inmediato y siempre al alcance con el cual es posible mantener un diálogo secreto y silencioso con la mente infinita del Padre, además de permitirnos navegar en el amor eterno e inagotable de Dios. Es la comunión del alma con su Creador, el despertar de la conciencia del hombre que lo conduce hacia su origen para establecer un vínculo consciente con la fuente generadora de toda la vida, y así percibir en el aquí y el ahora el flamante amanecer de una nueva existencia, la cual se forja día a día con una nueva conciencia, responsabilidad, afán de servicio y amor en todo lo que se realiza. Es mantener el corazón henchido de gratitud a Dios y a la vida misma en todas sus formas de expresión, que son la manifestación material de la mente infinita del Padre. Es también ser congruente con lo que se piensa, se dice, se siente y se hace.

La oración nos permite abrir un abanico de posibilidades infinitas que de inmediato nos regala paz en el alma y consuelo en el corazón. Es saber y sentir que no estamos solos, que quien hizo mar y tierra siempre nos acompaña, más cerca que el aire que respiramos, en cada célula que se renueva, en cada latido del corazón y en cada perdón que se entrega desde lo más profundo de nuestro ser.

Orar es platicar con Él, dar gracias por el día que inicia, por las maravillosas sorpresas que nos tiene preparadas en cada amanecer y las mil cosas hermosas con las que colma nuestra existencia (aquéllas que sólo se pueden percibir cuando tenemos abiertos los ojos del alma). Es la gratitud que brota del alma por la vida que nos entrega como regalo con la llegada de un nuevo día, por el privilegio de servirle a la vida con nuestras acciones y nuestro trabajo cotidiano, cualquiera que éste sea. Es valorar y agradecer la bóveda celeste, el techo de nuestro hogar, la familia que nos concedió y la fuente inagotable de aprendizaje en todo momento y en todo lugar, incluso en aquello que a simple vista pareciera ser una adversidad.

Es valorar, bendecir y agradecer el agua que recorre nuestro cuerpo, y en silencio pedir porque siga su camino venturoso llevando un mensaje de amor y gratitud hacia toda manifestación de vida. Es lavar, acicalar y cuidar nuestro cuerpo con la conciencia plena de que es el templo vivo donde habita Dios, cuyo nombre más sagrado, *Yo soy*, está grabado en cada partícula, en cada célula.[1]

Así, platicar con Dios se convierte en mi oración cotidiana, la cual puedo realizar en cada instante del día y en todo lugar; es descubrir que Él no está más lejos que un pensamiento ni más distante que mi oración, que toma un tinte diferente y peculiar cuando lo percibo en lo grande y en lo pequeño, en lo finito y en lo infinito. Entonces descubro cómo el corazón se estremece cuando miro el mundo con los ojos de mi niño interior y con sorpresa percibo las maravillas de su creación cuando, aunque sea por un momento, me es posible platicar con las aves, me sorprende su vuelo y me estremece su canto. Mi oración se manifiesta cuando el aroma y el color de una flor evocan recuerdos de antaño y su belleza perfecta me habla de la perfección de nuestro Creador. Es conmoverse ante el vuelo de una mariposa y la caída de las hojas de los árboles que anuncian el otoño, así como ante los retoños que surgen en las ramas de los árboles anunciando el retorno de la primavera, evidenciando el interminable ciclo de la vida.

Mi oración tiñe de gloria cada amanecer cuando, antes de abrir los ojos, en silencio, pero con toda la fuerza del corazón, platico con Dios e invoco su nombre bendito; cuando con profunda devoción doy gracias por las maravillas que me tiene preparadas en este nuevo día y en silencio le entrego mis pensamientos, mis palabras, mis acciones, mi vida y mi

---

[1] Véase Greg Braden, *El Código de Dios*, Mexico, Editorial Tomo, 2005 y Raquel Levinstein, *Pasaporte a la Dimensión de los Milagros*, México, Panorama, 2015.

voluntad entera. Y así, en mi oración le doy de nuevo infinitas gracias por el milagro de la vida y el regalo de cada amanecer.

Es así que, como un niño pequeño, le doy gracias por las sorpresas y regalos que tiene cada nuevo día. Casi sin darme cuenta, en esta oración perpetua me siento inmensamente feliz por sentirle y saberle tan cerca, pues Él ya está en mis pensamientos y en mi corazón, camino con Él a cada momento y vivo cada instante en Él.

El diálogo con el Eterno continúa cuando siento el agua fresca y transparente que bebo para refrescar mi cuerpo y saciar la sed, cuando con humildad le pido que también limpie y purifique mi alma, y que siga su curso igual de caudalosa y generosa, irrigando y propiciando vida, que en su recorrido lleve un mensaje de amor y gratitud para que quien le perciba también sienta la grandeza y el amor infinito del Eterno y la esencia misma de la vida que fluye en ella como diamantes líquidos de luz. Es entonces cuando en ese diálogo silencioso con Dios, mientras siento la brisa fresca que acaricia mi rostro y la luz y el calor del sol que bañan mi cuerpo, le pido con todo mi corazón que estos prodigios, que lamentablemente pasan desapercibidos para los hombres que permanecen sumergidos en el letargo de la inconsciencia, propicien el despertar de conciencia de la humanidad.

Y en mi oración, no sólo la de cada amanecer, sino la de cada instante, pido por la tierra bendita que nos ha regalado como hogar, y doy gracias también por el fruto bendito que nos obsequia con tanto amor y generosidad. Cada oportunidad la aprovecho para pedir por todos y cada uno de los habitantes de esta tierra, y así, casi sin darme cuenta, descubro que mi alma se encuentra plena de paz y dicha infinita, tanta que las palabras no lo logran expresar.

Así, en ese diálogo silencioso con el Creador, descubro que sin pedir nada, lo tengo todo, pues lo tengo a Él en cada pensamiento, en cada sentimiento y en cada oración. Y con todo ello percibo que está más cerca de mí que el viento que acaricia mi rostro, y sé, pues mi corazón lo sabe y lo grita a cada instante, ¡que Él vive en mí!

Platico con Dios cuando en silencio y con toda la fuerza de mi corazón le pido para los otros lo mismo que pediría para mí y los que más amo. Mi oración se privilegia cuando de corazón perdono el error del otro, y con humildad pido perdón por mis propios errores, que son tantos, pues sé que hay muchos que ni siquiera percibo y no logro ser consciente de su existencia.

Platicar con Dios es vivir con el alma abierta y estremecerse por cada latido del corazón con el que percibo la sinfonía de la vida que palpita en mí, y con ello descubrir que la vida es un milagro que se manifiesta en mí y en cada uno de los amadísimos hijos de Dios. También es aprovechar cada oportunidad para voltear al cielo y platicar con las estrellas y decirle a la luna: "¡Qué guapa estás!" Es bendecir y agradecer la luz y el calor del sol que nos regala vida, sentir que Dios mismo es el cobijo de mis anhelos, el impulso y cristalización de mis sueños más encumbrados, que arropa cada noche mi descanso y vela mis ensueños.

Conversar con Dios es caminar confiando en que Él vive en nosotros, así como vive en cada uno de sus hijos y se manifiesta en todo segmento de vida. De tal manera que, cuando percibo su presencia bendita en los otros, descubro que, sin pedir nada, todo lo poseo pues lo tengo a Él en cada respiración, en la vida misma, en todos los seres humanos que, ahora bien lo sabemos, son también nuestros hermanos.

Ésta es mi oración cotidiana, mi vínculo consciente con el hacedor y dador de toda la vida. En este diálogo de corazón a corazón con el Creador del Universo cada momento de mi vida se convierte en una oración perpetua, y con ello descubro que es posible vivir el Reino de los Cielos en el aquí y el ahora, que es posible cristalizar sueños y emprender un vuelo de libertad en cada amanecer para reposar sereno y en paz en cada anochecer. En esta oración mía, en la que se encierran secretos eternos de la creación, todo mi amor y mi corazón entero, deseo compartirlos contigo para dejar atrás todo dolor y sufrimiento y juntos comenzar a construir un mundo nuevo lleno de armonía y plenitud para forjar la vida que en realidad deseas vivir, y que el corazón anhela desde siempre, desde toda la eternidad. No lo dudes: con Él y en Él todo es posible.

Te invito a que tú mismo descubras la fuerza, el poder y la magia de la oración.

Capítulo 5

El poder de la oración

> Dios duerme en la piedra, despierta
> en la naturaleza, se hace consciente
> en el animal y divino en el hombre.
>
> ANAXÁGORAS

En un mundo convulso, donde el materialismo prevalece y con él la fuerza caótica y destructiva que caracteriza a la materia y, aun sin darnos cuenta, nos conduce de forma irremisible hacia la confusión, la violencia, la destrucción e incluso hacia la muerte, surge una necesidad imperiosa: nuestro encuentro consciente con Dios, tal como cada quien pueda entenderlo, como cada quien pueda concebirlo. Ya culturas ancestrales como los hopi de Norte América, señalaban que, cuando abundaran las inundaciones, las sequías, los tsunamis, los terremotos, los tornados, las lluvias y las granizadas atípicas, y las conductas violentas, las enfermedades raras, etcétera, fueran cosa de todos los días, habría llegado el momento de retornar a lo sagrado.[1]

Por su parte, la ciencia materialista que dejó a Dios de lado, ignorando la fuerza y el poder del mundo invisible que sustenta toda manifestación material, se encuentra en la actualidad sin respuestas ni alternativas para un sinfín de enfermedades que en muchos casos no tienen siquiera un

---

[1] Véase Raquel Levinstein, *Fin o Principio*, México, Panorama, 2012.

diagnóstico preciso, como alteraciones del cáncer que cada vez afecta a un mayor número de personas, incluso a niños muy pequeños y recién nacidos. Por otro lado, los avances de la misma investigación científica en diferentes áreas del conocimiento humano nos conducen hacía la evidente manifestación de un mundo invisible e intangible a los sentidos físicos, de la cual emerge toda creación o manifestación material. Con ello, sin siquiera imaginarlo ni mucho menos pretenderlo, se evidencia la inminente necesidad de religarnos de forma consciente a la fuerza invisible e intangible que constituye la fuente generadora de toda la vida, ya que conforma la infraestructura de toda manifestación material.

El 4 de julio de 2012 la Organización Europea para la Investigación Nuclear (Cern) hizo público el descubrimiento de una nueva partícula subatómica denominada el *bosón de Higgs*, también conocida como la *partícula de Dios*, que en ese entonces demostraba, con más de 99% de probabilidad, que toda expresión material surge de un campo invisible, tal como lo habían planteado los grandes de la física cuántica desde el siglo pasado. Aun cuando los investigadores señalaban en un inicio que todavía faltaba más investigación en este campo, el 13 marzo de 2013 quedó demostrado, sin lugar a dudas, que existe algo más allá de lo que los cinco sentidos pueden captar y que hace referencia al campo invisible e intangible de cuya naturaleza surge toda creación material. Este descubrimiento científico estremeció a la comunidad científica de todo el mundo, por lo que, en octubre de ese mismo año se le otorgó el Premio Nobel de Física.

Por su parte, la física cuántica, también conocida como *la nueva física*, cuyas aportaciones han transformado nuestra cosmovisión e impactado en todas las áreas del conocimiento humano y que la comunidad científica reconoce como la *revolución conceptual* más importante de todos los tiempos, señala que todo emerge de una fuente invisible, conocida como campo cuántico o supracuántico, intangible a los sentidos físicos, pero tangible en su poder y energía, evidente por sus resultados e impacto en la realidad material.

Es importante mencionar que, desde este campo de conocimiento, a la física cuántica también se le concede una enorme primacía en el pensamiento humano, pues los experimentos estelares de esta disciplina científica, de manera reiterativa e indiscutible, afirman que es éste el que le da forma a la materia. Es decir, el pensamiento humano, que en esencia está conformado por impulsos de energía e información, tiene el poder de transformar las partículas más diminutas de la materia del mundo subatómico en objetos o realidades materiales y tangibles de nuestra cotidianidad. En este sentido, en una importante serie de experimentos reseñados por Lynne McTaggart, y entre los que destaca el de Anton Zellinger, demuestra que "los mayores componentes de la materia física y de los seres vivos existen en un estado maleable",[2] es decir, que también pueden ser afectados por el pensamiento y la intención humana.

Desde el enfoque de la biología, Rupert Sheldrake señala la existencia de campos energéticos intangibles e invisibles que forman campos morfogenéticos, los cuales dan origen a ciertas conductas o la repetición de hechos que desde otros enfoques científicos parecen inexplicables como:

[2] Lynne McTaggart, *El experimento de la intención*, Málaga, Sirio, 2008.

- La migración de las mariposas monarca y otras especies como la ballena gris.
- La recurrencia de accidentes en algún tramo de carretera después del primero.
- Los eventos que se repiten después de un primer incidente: la caída de algún avión, la volcadura de un tráiler, la violencia contra los niños o adultos mayores, etcétera.
- Ciertas conductas que se repiten en diferentes lugares del mundo, aun cuando no exista ningún tipo de comunicación (lo que podría explicar la violencia que enfrentamos hoy en día en todo el mundo).
- El comportamiento de las palomas mensajeras.
- El comportamiento peculiar de las mascotas que anticipan la llegada de su dueño.
- El nexo afectivo que establecen las plantas con sus dueños y que florecen de manera peculiar ante las muestras de afecto, pero se debilitan e incluso se marchitan cuando su dueño se enferma o llega a fallecer, etcétera.

Cabe mencionar que en todos estos casos destaca el aspecto afectivo o el vínculo emocional con cada una de las situaciones antes mencionadas, ya que un accidente, así como el abuso o violencia ejercidos contra un niño inocente o un anciano generan un intenso dolor. Es decir, energéticamente estas emociones generan frecuencias vibratorias muy densas, lo que facilita la formación del campo energético en el cual siguen resonando hasta que una emoción con una frecuencia vibratoria mayor, como lo sería un genuino proceso de perdón o una simple y sencilla oración, logra romper el campo morfogenético generado por el dolor y establecer uno de distinta frecuencia vibratoria y manifestación material. Por ejemplo, el caso de lugares donde ocurrió un accidente, y que siguen ocurriendo hasta que alguien, alentado por el dolor de la pérdida de algún ser querido en ese sitio, llega con una veladora o una imagen religiosa y hace oración con profunda devoción y entonces, como por arte de magia, los accidentes dejan de suceder ahí.

En cuanto a la biología molecular o biología de la nueva generación, el doctor Bruce Lipton señala que los genes que se encuentran ubicados en el núcleo de cada célula no son los responsables directos de nuestras características físicas y tendencias a la enfermedad como la diabetes y el cáncer, ya que éstas contienen, como los pensamientos mismos, un concentrado de energía e información. De tal manera que, la energía misma, y desde luego también los pensamientos, puede ser transformada y la información cambiada. Dicho autor, así como otros investigadores precursores de lo que hoy se conoce como *epigenética*, explica que es la membrana de la célula la que envía (como un chip) la energía y la información a los genes del núcleo por medio de las mitocondrias que son diminutas fábricas de energía distribuidas en todo el organismo. Dicha energía e información puede ser alterada tanto por la alimentación, los nutrientes o complementos alimenticios o la composición de algún medicamento, así como por un pensamiento, una emoción, por nuestras creencias, tanto conscientes como inconscientes, y, desde luego, por el impacto de una oración. De hecho, Lipton señala que para lograr la transformación celular, eliminar enfermedades y limitaciones genéticas, así como para propiciar remisiones espontáneas, "no basta el pensamiento positivo, sino que se requiere el componente espiritual".[3]

Este nuevo campo de investigación abre un campo de infinitas posibilidades para revertir enfermedades y obtener una mejor calidad de vida, pues nos proporciona la explicación y el fundamento científicos de cómo es posible recuperar la función óptima de cada célula y, por tanto, de todo el organismo cuando éstas se encuentran en un ambiente favorable, el cual, como ya te mencioné, puede ser afectado por los alimentos, los nutrientes los componentes de algún medicamento o complemento vitamínico y, de manera especial, por nuestros pensamientos, emociones, creencias y la imponente fuerza de una simple y sencilla oración.

Quiero subrayar una vez más la importancia del componente espiritual, al cual tenemos acceso inmediato mediante la fuerza de una oración. Como se mencionó antes, para lograr cambiar la información de nuestros genes y la remisión espontánea de enfermedades, "no basta el pensamiento positivo, sino que es requisito indispensable, el componente espiritual".[4] Más adelante te ofreceré, con sorprendentes fundamentos científicos, la abismal diferencia que se observa cuando sólo utilizamos pensamiento positivo o programaciones mentales sin el recurso espiritual.

Por otra parte, ha quedado demostrado el impacto del pensamiento humano sobre la estructura molecular en una serie de bellísimas fotografías del doctor Emoto. En éstas se muestra el cambio que tienen las moléculas del agua ante la fuerza de una oración y la influencia de las palabras (que son

[3] Bruce Lipton, *La biología de la creencia*, Madrid, Palmyra, 2007.

[4] *Idem.*

EL PODER DE LA ORACIÓN 47

pensamientos en expresión verbal) como *amor* y *gratitud,* así como *tonto* o *te odio.* En el primer caso, la Psicología Cuántica y del Espíritu señala que el amor es la energía que impulsa y nos conecta con la potencia de claridad o día de la mente, que constituye la fuerza espiritual que nos vincula con la mente infinita y el amor de Dios, como cada quien pueda entenderlo. Mientras que la gratitud es un pasaporte que nos permite acceder de manera inmediata a la Dimensión de los Milagros y mantenernos en conexión consciente y constante con el principio generador de toda la vida.

Por su parte, el odio y la violencia son huéspedes que se distinguen por la actividad de la potencia de oscuridad o noche de la mente que se alimenta del miedo, el resentimiento, la soberbia, la culpa, entre otras *chuladas de la inconsciencia.*

Así pues, estas evidencias muestran de manera evidente y tangible la influencia del pensamiento sobre la estructura molecular de la materia, y nos indican también la inmensa diferencia que se manifiesta por la influencia del amor y la gratitud, que impulsan o dan vida a la potencia de claridad, misma que nos conduce y mantiene en el aquí y el ahora, en una frecuencia vibratoria muy encumbrada que genera paz, armonía, plenitud y felicidad, donde todas las cosas fluyen para bien, en comparación con la influencia de la agresión y el odio, que caracterizan la actividad de la potencia de oscuridad, la cual es impulsada por el miedo y por el inconsciente, es decir, sin darnos cuenta, nos conduce sin remedio hacia la dualidad, el conflicto, el caos, la destrucción y la muerte.

Nuestro propósito de evolución, el cual requiere trabajo y esfuerzo cotidiano, consiste precisamente en equilibrar ambas potencias de la mente, pues tal como lo señala un fragmento de la Cábala: "Somos un puente entre los poderes del cielo y los poderes de la tierra". Para ello, para lograr el equilibrio perfecto entre el espíritu y la materia, contamos con la fuerza descomunal de una simple y sencilla oración.

Así pues, la oración se vuelve la energía sublime que le pone alas a los pensamientos, que como los ángeles se eleva hasta el corazón de Dios para invocar su amor y misericordia infinita, con la cual es posible transformar y superar cualquier adversidad y realidad material, por difícil o dura que ésta parezca. Éste es el camino de la humanidad: el despertar de conciencia hacia una nueva realidad, en la cual será posible vivir en paz y armonía como hermanos, hijos de un solo Padre.

Ha llegado el momento de construir, con responsabilidad consciente y fe en el Ser Supremo, un mundo de amor en el cual la vida misma se perciba como un regalo en cada amanecer, y saberle a Él en nuestro trabajo cotidiano, así como en nuestra existencia en todo momento y en todo lugar para que, de forma independiente de la religión o creencia que profesemos, nos encontremos plenos de dicha y bienestar, y nos volvamos un canto de alabanza al Señor, nuestro Dios, la fuerza invisible que sustenta todo lo creado y lo aún no creado. Cabe mencionar que la mente infinita del Padre permanece como ideas o pensamientos sublimes y divinos,[5] que pueden ser alcanzados por la conciencia del hombre, mediante la oración y manifestarse en este plano material.

Recuerda que ante todo problema o circunstancia adversa que a nivel material parezca no tener solución, cuentas con el poder indescriptible de una simple y sencilla oración, la que brota de lo más profundo del corazón.

[5] Véase Raquel Levinstein, *Dile adiós al sufrimiento*, México, Panorama, 2006.

Capítulo 6

Ciencia y espiritualidad

> ¿Cómo esperas obtener resultados diferentes
> si sigues haciendo lo mismo?
>
> ALBERT EINSTEIN

Antes de adentrarnos en los temas inherentes a la fuerza, el poder de la oración y la necesidad que tenemos de incorporarla en nuestra vida, considero importante comentar algo más sobre los descubrimientos científicos más revolucionarios que se han obtenido en diversas áreas del conocimiento humano, y que constituyen la base científica de la Psicología Cuántica y del Espíritu, demostrando la importancia de mantenernos conectados de forma consciente a la fuerza y el poder de la espiritualidad.

Si no bastara ver el curso caótico y destructivo que ha tomado nuestro mundo que parece desmoronarse entre las manos, además de todo el dolor y el sufrimiento generado por la inconsciencia del hombre, enfermedades antes desconocidas, diagnósticos fatales que afectan a hombres, mujeres, niños y adultos mayores por igual, las economías que se derrumban, las mil estrategias para salir de la pobreza sin conseguirlo y generando aun mayor miseria, y las muchas buenas intenciones por hacer de este mundo un mundo mejor, los resultados nos hablan de que no estamos haciendo lo correcto y que nuestro planeta, ¡nuestro hogar!, y nuestra especie se encuentran en grave riesgo de desaparecer.

Por ello vale la pena considerar lo que algunos investigadores como el doctor Bruce Lipton y Steve Bhaerman señalan: "Existe un gran paralelismo entre el comportamiento de las células y las sociedades humanas", y al realizar una extrapolación de ese diminuto mundo celular al de las comunidades de nuestra especie observan que "cuando la evolución se ve obstaculizada y parece que ya no hay forma de crecer o expandir es cuando el impulso de sobrevivir propicia el salto cuántico de la evolución".[1]

También mencionan que fue una severa crisis lo que llevó a las células procariotas a la formación de células eucariotas, y a éstas a la formación de organismos pluricelulares. Asimismo, con el sustento de investigaciones científicas muy serias, afirman que la evolución no ha surgido de forma lineal, sino por saltos cuánticos evolutivos que se presentan después de largos periodos de estabilidad, seguidos por otro de profunda crisis. Otro punto importante es el hecho de que, no sólo desde su punto de vista, sino desde el aval de múltiples investigaciones, afirman que "la evolución no se ha generado por la supervivencia del más apto, tal como lo sugería Darwin, sino por la cooperación y el trabajo conjunto".[2]

Con estos hallazgos científicos y apelando a la ley de correspondencia ("Como es arriba es abajo"),[3] podemos esperar que la severa crisis por la que la humanidad atraviesa ya desde hace algún tiempo sea el impulso para que logremos dar el salto cuántico hacia una nueva y maravillosa realidad.

[1] Véase Bruce Lipton y Steve Bhaerman, *La biología de la transformación*, Madrid, La esfera de los libros, Madrid, 2010.

[2] *Idem.*

[3] Véase Los Tres Iniciados, *El Kybalión*, México, Prana, 2013 y Raquel Levinstein, *Pasaporte a la Dimensión de los milagros*, México, Panorama, 2015.

Estoy segura de que lo podemos conseguir, siempre y cuando aprendamos a voltear al cielo e invitemos de forma consciente al Ser Supremo a formar parte de nuestro vivir diario, a ser nuestra guía y a caminar con nosotros. Así, cuando juntos hagamos de la oración nuestro primer recurso para pedir para los otros lo que deseamos para nosotros mismos y, desde luego, tratar a los demás como quisiéramos ser tratados, y con ello dar cumplimiento a lo que distintas religiones conocen como *la regla de oro*, estoy plenamente convencida de que podremos vivir el Reino de los Cielos en el aquí y el ahora.

Ahora sabemos que la severa crisis que atravesamos como humanidad representa la oportunidad de realizar un cambio estructural en nuestra existencia; no en balde se dice que la palabra *crisis* es sinónimo de *cambio* o *transformación*. Sabemos también que el camino evolutivo de la vida misma ha sido en unión y cooperación, y no en forma lineal, sino en saltos cuánticos, es decir, no debemos esperar eternidades para forjar una nueva realidad, sino unir nuestros pensamientos, sentimientos e intenciones en una oración para ver el alba de un nuevo y maravilloso amanecer. Algo determinante que no podemos dejar pasar de largo es precisamente aquello a lo que apunta el sentido de nuestra evolución: el despertar de conciencia hacia nuestra divinidad y nuestro nexo consciente con el Arquitecto del Universo. Los descubrimientos científicos más relevantes de la actualidad apuntan hacia el innegable hecho de que somos mucho más que materia:

- La astrofísica descubrió la partícula divina, o bosón de Higgs, que demuestra de manera contundente que toda realidad material emerge de un campo intangible e invisible.

- La física cuántica, desde principios del siglo pasado, señala que todo lo que podemos captar por medio de los cinco sentidos emerge de un campo supracuántico, invisible e intangible para el ojo humano. Para algunos este campo es el campo primordial, la piedra filosofal o el Santo Grial[4] o la Dimensión de los Milagros.

- La biología y los campos morfogenéticos, propuestos por Ruppert Sheldrake, dan origen a varias conductas de los animales y la repetición de algunos hechos inexplicables para la ciencia.

- La biología molecular postula que es posible transformar nuestra información genética, y que para ello no basta el pensamiento positivo, sino que se requiere un componente espiritual.

- La Psicología Cuántica y del Espíritu afirma que, aunque no es posible cambiar nuestra historia, sí es posible mejorarla mediante la transformación de nuestros sentimientos, palabras y acciones. Si bien el pensamiento, tal como lo afirma la física cuántica, le da forma a la realidad material, sólo con el componente espiritual es posible lograr dicha transformación en un caudal infinito de bienestar y bendiciones, pues sólo la potencia espiritual tiene la fuerza para hacer perdurable el cambio. Recuerda que la materia nace, crece y desaparece, mientras que la fuerza espiritual es eterna. *Todo pasa, sólo Dios queda.*

Otros aspectos de gran importancia son:

---

[4] Véase Ramón Marqués, *Los descubrimientos estelares de la física cuántica*, Barcelona, Editorial Indigo, 2004.

- La Psicología Cuántica y del Espíritu afirma que los pensamientos, al ser impulsos de energía e información, por ley catódica o ley de atracción, atraen lo semejante: *Lo que piensas lo atraes.*
- Las creencias, que en esencia son fe, tienen la cualidad de crear: *Lo que crees lo creas.*
- La creencia o fe es también la armonía entre la mente inconsciente y consciente, además de un puente entre la potencia espiritual y la potencia material. Es decir, la fe constituye un puente entre los poderes del cielo y los poderes de la tierra.
- La fe negativa es miedo y nos conduce al *mundo del revés*, activando la potencia de oscuridad de la mente y la turbulencia de la inconsciencia, por lo cual todo lo que esperas se va de las manos y todo aquello de lo que deseas escapar te atrapa con cadenas y con candados.
- La fe o creencia se integra con la conjunción del pensamiento y el sentimiento. Ni el pensamiento ni el sentimiento por sí solos tienen la facultad de gestar el poder de la creencia y, por tanto, no pueden crear.
- La fe positiva se da cuando el pensamiento va acompañado de un profundo sentimiento de amor, gratitud y confianza, lo cual activa la fuerza espiritual que nos mantiene en un nexo consciente con el Hacedor de cielo, mar y tierra. Así es posible experimentar el Reino de los Cielos en el aquí y el ahora, a pesar del caos y la limitación que en apariencia muestra la materia, los milagros se hacen manifiestos y los sueños se hacen realidad. *Para el que cree, todo es posible y todas las cosas fluyen para bien.*

Capítulo 7

La potencia espiritual: componente indispensable de toda creación mental

> Busquen primero el reino de Dios
> y su justicia, y todas las cosas
> les serán dadas por añadidura.
>
> MATEO 6,33

Para entender cómo se genera toda creación, veamos lo que Albert Einstein postula con la famosa ecuación que nos lleva al punto de partida de la creación, o el camino que sigue la energía para convertirse en materia y viceversa:

$$E = mc^2$$

Según nos refieren los físicos, existen tres principales formas de la transmutación de la energía en materia: *la aceleración, la fusión nuclear* y *la aniquilación total.*[1]

1. La aceleración habla de llevar materia o energía a la velocidad de la luz, y la transmutación de la una en la otra.

---

[1] Véase Shahen Hacyan, *Los hoyos negros y la curvatura del espacio-tiempo*, México, Fondo de Cultura Económica (La Ciencia para Todos), 2005.

2. La fusión nuclear consiste en fusionar un núcleo de carga positiva con un núcleo de carga negativa, donde también se observa el mismo fenómeno de trasmutación de materia en energía y viceversa, sólo que en este caso se obtiene el efecto de *bomba atómica*, desplazando la energía que, por ley del ritmo ("Lo que va viene, lo que viene va, lo que sube baja, lo que baja sube"), regresa como una onda expansiva de destrucción.

3. La aniquilación total consiste en fusionar materia con antimateria. Sólo entonces se hace posible la aniquilación total de la materia, quedando sólo la energía pura.

Ahora bien, de la ley de correspondencia ("Como es arriba es abajo") podemos extrapolar estos principios a la dinámica de la mente[2] y con ello comprender la importancia de la fuerza espiritual, no sólo en nuestro vivir diario, sino también en el campo de nuestros pensamientos y sentimientos, que constituyen el origen de nuestra realidad material.

De este modo, la aceleración en la dinámica de la mente equivale al *fondo emocional*, a la *derrota voluntaria* e invocación al Ser Supremo, y a la *visualización*.

El fondo emocional es cuando, como resultado de nuestros pensamientos, sentimientos, palabras y acciones inconscientes, o bien, cuando enfrentamos la pérdida de un ser querido, alguna adversidad, un diagnóstico fatal, etcétera, sentimos que ya no podemos más. Si cuando experimentamos este estado invocamos la ayuda e intervención divina

---

[2] Véase Raquel Levinstein, *Pasaporte a la Dimensión de los Milagros*, México, Panorama, 2015.

desde lo más intenso y profundo del corazón, es muy probable que, además de experimentar al instante una paz infinita, también logremos una solución armoniosa y perfecta que incluso rebase aquello que pudiéramos imaginar. Este mecanismo mental, sin que seamos conscientes de él y, bajo el auspicio de la ley de polaridad ("Los opuestos se tocan"), es el fundamento para dar un salto cuántico desde el nivel de las emociones, que se encuentran en la frecuencia vibratoria más densa, hasta la más encumbrada, cuando es posible tocar el corazón de Dios. Para ilustrar lo anterior, pensemos que es al final de la noche cuando está más oscuro, pero también es la señal indiscutible de que el alba está por llegar.

Ahora ya sabes: en las frecuencias vibratorias más bajas y densas de nuestros pensamientos y sentimientos, en vez de lamentarnos o resentirnos, debemos invocar al Ser Supremo y, por la acción de la ley universal de polaridad, propiciaremos un salto cuántico que nos abrirá un camino hacia la Dimensión de los Milagros, al corazón de Dios.

En la derrota voluntaria sucede lo mismo, sólo que en este caso la inclinación o derrota la realizamos por voluntad propia y con profunda humildad, sin la necesidad de que sea el dolor o el sufrimiento el que nos ponga de rodillas frente a la vida. Y, de igual manera, con profunda devoción se invoca la intervención del Ser Supremo.

La visualización hace alusión a la construcción de imágenes mentales. Si consideramos que el pensamiento viaja a una velocidad mayor que la de la luz, en un instante es posible viajar al pasado, evocar recuerdos de la infancia o imaginar que viajas a una playa serena, que te *columpias en los cuernos de la luna*, que estás manejando el carro de tus sueños que todavía no existe en tu mundo real, y así viajar al

futuro, todo en cuestión de segundos.[3] Puesto que la construcción de imágenes mentales requiere una enorme concentración de energía, cuando se agrega el sentimiento, es decir,
la sensación emocional de que lo que imaginamos ya existe,
las imágenes mentales se hacen realidad, siguiendo el proceso
de la transformación de la energía en materia. Todo esto se
encuentra bajo el auspicio de la ley de correspondencia, que
postula que la energía mental invisible e intangible se transforma en realidad material, observable al ojo humano y, por
tanto, medible y cuantificable.

Por otro lado, la fusión nuclear en la dinámica de la
mente equivale al cambio de actitudes y pensamientos negativos por positivos. No obstante, del mismo modo que en
todo lo que acontece en la física, se observa el desplazamiento de la energía que generalmente regresa como un *tsunami
de adversidades*. Éste es el caso del alcohólico que sin tener
un despertar espiritual deja de tomar, es decir, sólo *tapa la
botella*, que es igual a esconder el síntoma sin atender la enfermedad. Es cuando, según el argot de Alcohólicos Anónimos, *se destapa la borrachera seca* y se desatan otros defectos
de carácter como la lujuria, la pereza, la ira, etcétera. De igual
manera sucede con quien se pone a dieta: además de sufrir
el famoso rebote, es decir, recuperar el peso perdido cuando
la dieta termina, mientras se mantiene a dieta, fuma, toma,
grita y se desboca en la neurosis.

También podemos ilustrar este proceso de transmutación
con la siguiente situación: cuando estando enojado o molesto
repites constantemente: "Estoy tranquilo", de momento logras

[3] Véase Raquel Levinstein, *Dile adiós al sufrimiento*, México, Panorama, 2006.

cierta tranquilidad, pero cuando menos lo esperas, te conviertes en el *hombre verde* y la energía del enojo, que sólo ha sido desplazada, regresa como un *tsunami de inconsciencia*, y se manifiesta como una explosión de furia que incluso nos puede conducir a la tragedia.

Ejemplos como éstos hay muchos, pero también existen otros que por ignorancia de las leyes universales e inconsciencia flagelan nuestra existencia aun sin darnos cuenta: todos hemos experimentado, en más de una ocasión, el temor de que algo malo acontezca en nuestra vida después de experimentar algo bueno que nos llena de alegría. Es probable que también hayamos percibido esa experiencia como la factura que tuviéramos que pagar a la vida. Después de lograr algún cambio significativo por medio de la visualización, afirmación, programación mental, meditación, etcétera, parece que la vida te pasa factura y que *se debe pagar* con alguna adversidad, dolor o sufrimiento, incluso con algún problema mayor del que en un inicio parecía haberse solucionado.

Esto sucede por la ley universal conocida como ley del ritmo ("Todo lo que va regresa; todo lo que sube baja"). Tal fue el caso del *Efecto Maharishi*, el cual se observó en 24 ciudades de Estados Unidos cuando se invitó al equivalente de la raíz cuadrada de 1% de la población a realizar meditación trascendental con el fin de disminuir la violencia y la criminalidad. Para ello se establecieron parámetros de medición y cuantificación confiables. Dicha meditación se llevó a cabo durante 20 minutos y, en efecto, se observó una disminución significativa de la delincuencia durante ese lapso. No obstante, los índices de criminalidad aumentaron después de ese periodo. El mismo experimento se llevó a cabo con el fin de mejorar la economía y la calidad de vida en Estados Unidos.

Los resultados saltan a la vista: las peores crisis económicas de ese país son evidentes.[4]

En este mismo sentido, Lynne McTaggart menciona la importancia que tenía la visualización y la intención de ganar para Muhammad Ali, al grado de que él menciona que la verdadera batalla no estaba en el cuadrilátero, sino en la preparación previa y la concentración de la atención sobre su objetivo bien definido: ganar por nocaut en tal o cual asalto. Para muchos este gran atleta es el mejor del mundo y sus vaticinios o pronósticos casi siempre se hacían realidad. No obstante, también resulta evidente el deplorable estado de salud en el que se encuentra desde hace muchísimos años. Así es el negocio de la inconsciencia: *un pasito pa' delante y otros tantos para atrás.*

Sin embargo, no podemos negar la gran importancia que tiene la programación mental, la meditación y, por supuesto, la visualización en la conquista de nuestras metas, pero la crisis que hoy enfrentamos como humanidad nos dice que no estamos haciendo bien las cosas, y se necesita muchísima humildad para reconocerlo y aceptar que necesitamos algo más que nuestros meros conocimientos intelectuales y buenos propósitos. Te aseguro que hoy se hace necesario voltear al cielo y admitir con profunda humildad nuestra enorme limitación material y humana. Para descubrir nuestra infinita grandeza interior hace falta espiritualidad en nuestro diario vivir, conectarnos conscientemente con el campo intangible e invisible de donde emerge toda la creación.

---

[4] Véase William Arntz, Betsy Chasse y Mark Vicente, *¿¡Y tú qué sabes!?*, Madrid, Palmyra, 2006, Bruce Lipton y Steve Bhaerman, *La biología de la transformación*, Madrid, La esfera de los libros, 2010 y Lynne McTaggart, *El experimento de la intención*, Málaga, Sirio, 2008.

Finalmente la aniquilación total en la dinámica de la mente equivale no sólo a cambiar los pensamientos negativos por positivos, que en ambos casos es igual al componente material, sino también a incluir el componente espiritual, que equivale a la antimateria. Esto establece un nexo consciente con la fuente generadora de toda la vida, con Dios, tal y como cada quien pueda entenderlo.

Como ya lo he mencionado antes, cuando nos sentimos molestos o enojados, no basta con pensar positivamente, reprimiendo la emoción y desplazando la energía que cuando menos lo esperamos se vuelca contra nosotros como un *tsunami de contrariedades* y problemas de toda índole. Es requisito indispensable añadir el componente espiritual para realizar una aniquilación total. Para ello te sugiero realizar los siguientes pasos:

1. Aceptar la molestia o el enojo, nunca negar o luchar contra estas emociones.
2. Realizar alguna actividad física para encausar la energía destructiva.
3. Realizar de corazón la derrota voluntaria para establecer el equivalente de la *función onda* que realizan las partículas más diminutas de la materia para penetrar en el campo primordial o Dimensión de los Milagros.
4. Aceptar el problema o la adversidad que se presentan ante nosotros, nunca evadirlos o minimizarlos.
5. Realizar la derrota voluntaria: "Yo no puedo con esto".
6. Invocar al Ser Supremo para establecer un nexo consciente con quien hizo cielo, mar y tierra: "Señor, échame la mano, que tu voluntad divina y perfecta se manifieste en mi cuerpo, mi vida y mis circunstancias".

7. Y por último repetir: "Dios es paz, Dios vive en mí, la paz y la armonía de Dios se manifiesta en mí".

Sólo entonces es posible experimentar una profunda paz en tu interior y serenidad en el alma. Es decir, aquello que queríamos cambiar en nosotros no sólo se ha desplazado, sino que ha sido aniquilado. Tal es la importancia de incluir el componente espiritual en toda oportunidad, pues sin éste sólo observamos el desplazamiento de la energía que tarde o temprano se vuelca contra nosotros y los seres que amamos. Y es en esos momentos cuando enfrentamos el infierno tan conocido, cuando se instala la noche del alma que parece no tener fin y pensamos que Dios nos está castigando, que no nos escucha e incluso que se ha olvidado de nosotros.

Ahora lo sabes: Dios no castiga ni se olvida de nosotros. Mientras tu corazón palpite, existirá la señal indiscutible de que la vida se manifiesta en ti, y no lo dudes, ¡la vida es Dios en toda manifestación! Lo único que necesitamos es mantener nuestro contacto consciente con el Ser Supremo, pues Él sólo actúa cuando le invocamos, pero te aseguro que siempre está con nosotros. Somos nosotros los que nos encontramos distraídos, ausentes y, como diría Mafalda: "Siempre andamos en lo urgente, dejando de lado lo importante". E ignoramos que, tal como los acontecimientos científicos más relevantes de la actualidad lo indican, todo lo que podemos captar mediante los cinco sentidos emerge de un campo invisible e intangible, el cual, si bien no puede ser percibido por los ojos físicos, sí puede ser captado por sus efectos impactantes en la realidad material. A este campo cuántico o supracuántico, campo de Higgs, fuerza espiritual invisible e intangible, o bien, la Dimensión de los Milagros, podemos acceder por medio de la conciencia, es decir, la capacidad de darnos cuenta y, desde luego, mediante la oración.

¿Te das cuenta? El secreto de la creación, de la transformación de energía en materia consiste en *aventar un ancla a la eternidad*, es decir, expandir la conciencia y darnos cuenta de que somos mucho más que materia, que quien hizo mar y tierra ¡vive y palpita en ti!, que Él responde a cada oración cuando ésta se realiza con humildad y profunda devoción, es decir, con intensa emoción. Te invito a descubrir la inimaginable fuerza y poder de la oración, así como los factores que inhiben o bloquean los resultados y, desde luego, también vamos a ver los requisitos para que cada oración logre alcanzar el corazón de Dios y así constatar cómo las compuertas de los cielos se abren para ti, cómo los milagros se encuentran al alcance. Éste es el camino de redención y transformación para la humanidad entera. Descúbrelo y atrévete a caminarlo, el cielo está abierto para ti.

Capítulo 8

Sin perdón no es posible tocar el corazón de Dios

> Si al presentar tu ofrenda al altar te acuerdas
> ahí de que tu hermano tiene algo contra ti,
> deja ahí tu ofrenda ante el altar y ve primero
> a reconciliarte con tu hermano,
> y vuelve luego a presentar tu ofrenda.
>
> Mateo 5,23

Desde una perspectiva metafísica, la *ofrenda* representa la oración o solicitud al Ser Supremo y, por tanto, resulta fácil entender que ésta no llegará a tocar el corazón de Dios si te encuentras resentido con alguien, o bien, si tus acciones te tienen en deuda o bajo la lápida de la culpa por no haber reparado el daño causado de forma consciente o inconsciente. Cuando se refiere a tu hermano, no hace alusión sólo a tus consanguíneos, pues ante los ojos del Creador *todos* somos hermanos.

Tal como Albert Einstein lo propone: "La gravedad curva el espacio". En la mente, te lo aseguro, el resentimiento la *curva* y nos mantiene en profundos pozos de desolación y ansiedad, atormentados y avergonzados por el ayer, así como angustiados y atemorizados por el mañana.

Mientras que el genuino perdón se convierte en un *elevador espiritual*, es decir, pone a nuestros pensamientos y sentimientos en frecuencias vibratorias muy encumbradas, con lo que es posible acercarnos al corazón del Ser Supremo.

Es entonces cuando tu ofrenda, u oración, puede ser colocada en el altar, en la mente infinita del Padre, en el corazón de Dios, y es cuando obtenemos respuesta, incluso, en muchas ocasiones, como la manifestación de un verdadero milagro.

Ahora bien, el genuino perdón es un proceso interior que te libera del dolor y permite que tus pensamientos y sentimientos expandan alas y, como ángeles, toquen el corazón de Dios. Para experimentar la magia y el milagro de un genuino perdón es necesario dejar de relamer las heridas de antaño, de pensar en lo que has sufrido, en los agravios o agresiones que se cometieron en tu contra. Si piensas que son tantos y tan graves que no es posible perdonarlos, entonces te pido que respondas de forma honesta a la siguiente pregunta: *¿Quieres seguir sufriendo?*

Si tu respuesta es un rotundo *¡no, ya no más!*, entonces no te queda otro camino que el perdón. Sé que no es fácil, pero sí necesario si de verdad pretendes que tus oraciones logren alcanzar el corazón de Dios. Tan importante y trascendente es el proceso de perdón que el mismo Jesús, el Cristo, antes de abandonar este plano material y fundirse con el Espíritu Divino, en el reencuentro con el Padre, ya clavado en la cruz, después de haber sufrido todo tipo de ignominias, la traición, el abandono, las calumnias, las intrigas, los azotes en su cuerpo, la corona de espinas enterrada en su cráneo, el dolor de su madre aunado a los suyos propios, exclamó: "Padre, perdónalos porque no saben lo que hacen". Tal es la importancia y trascendencia del perdón.

Ahora bien, en la metafísica, el color violeta representa al fuego sagrado del perdón y la misericordia divina. Físicamente, este color cuenta con un altísimo nivel de frecuencia vibratoria, tan encumbrado que los rayos ultravioleta integran una de las frecuencias vibratorias de la gama de este color y se utiliza en los quirófanos para esterilizar el material quirúrgico y al quirófano mismo. Imagina el inmenso potencial que se genera cuando lo utilizas con el poder de la mente, la nobleza de la intención y la fuerza de la más profunda y viva emoción.

Por otro lado, es probable que hayas observado que en las iglesias católicas, durante la Semana Santa, se tapan los altares con lienzos de color violeta y se levantan de manera previa a la ceremonia de la resurrección. Esto representa el poder del perdón; un camino de libertad que nos conduce de la oscuridad a la luz, de la esclavitud de la materia (la tierra de Egipto) a la libertad del espíritu (Israel), de la oscuridad de las tinieblas a la luz del amor divino. Tal es la importancia del perdón, el que se regala de corazón, el que nos lleva a confrontar el dolor de antaño para transformarlo en un camino de conciencia y libertad; te puedo asegurar que no existe posibilidad alguna de cambio y transformación si no se ha ejercido antes el proceso libertador del perdón.

Recuerda que el primer paso para perdonar de corazón es cuestionarte una y otra vez si quieres seguir sufriendo o si eliges el camino del perdón y la libertad. Esta decisión depende sólo de ti, no de tu agresor, ni siquiera de la magnitud del dolor que éste te haya ocasionado.[1] Por el momento, si ya has tomado la firme decisión de ser libre para tocar el corazón de Dios por medio de tu oración, entonces te pido que invoques

---

[1] Si ya has tomado la decisión de ser libre y elevarte hasta el corazón del Ser Supremo, te sugiero utilizar el siguiente material de mi autoría: *El infierno del resentimiento y la magia del perdón* (Panorama, 2014), *El perdón, una onda cuántica de libertad* (Panorama, 2006), *Las más bellas reflexiones* (audio, Gramadisk, 1996), *Viviendo el perdón* (audio, Gramadisk, 2005), *El más bello regalo* (audio, Gramadisk, 2002), *Estrella de Plata*, volúmenes 4, 5 y 6 (audio, Gramadisk, 2007), *La magia del perdón* (video, CSIDH, 2008).

la ley del perdón y la misericordia divina. Pide también que la luz violeta del perdón y la transmutación te cubra y se expanda hacia toda corriente de vida para que todo aquél que pida ayuda sea escuchado. Recuerda que todo aquello que pides para los otros, lo pides para ti mismo.

Ahora repite en silencio, pero de todo corazón: Señor, que el perdón y la misericordia que emanan de tu corazón y la antorcha encendida de la luz violeta de transmutación me permitan eliminar toda causa, núcleo y efecto de todos mis errores pasados y presentes, además de todo aquello que de forma consciente o inconsciente hubiera causado daño o dolor a mi propio cuerpo, a los seres que amo y a cualquier manifestación de vida. Sé que la condición del perdón es perdonar a los otros para poder ser perdonado. Es por ello que te pido que me ayudes a liberarme de todo resentimiento y dolor para ser libre en ti.

Sólo cuando logras pedir para aquél que en algún momento fue tu agresor lo mismo que pedirías para ti mismo y para aquéllos a los que más amas, se instalará el verdadero perdón en tu corazón. Con ello te será posible forjar una escalera al cielo, construir un genuino elevador espiritual para que tu oración llegue hasta el centro del corazón de Dios.

No olvides que, si bien el perdón te hace libre y te permite convertir el error y la caída de antaño en experiencias de aprendizaje para tu desarrollo y camino de evolución, para que el perdón sea genuino es requisito indispensable no cometer hoy, con conciencia, lo que ayer cometiste en brutal inconsciencia. Recuerda lo que Jesús, nuestro hermano mayor, le dijo a la mujer adúltera después de que los que le acusaban se habían retirado cuando Él le conminó a aventar la primera piedra a quien se encontrara libre de culpa: "Vete y no vuelvas a pecar".

Capítulo 9

Lo que pidas te será dado

> Pidan y se les dará.
>
> SAN LUCAS 11,9

Lo que pidas te será dado. Parece obvio, no obstante, esta sentencia encierra una gran profundidad. Por un lado, hace alusión a la importancia que como humanidad tenemos en el proceso creativo del Universo, así como en las experiencias que confrontamos día a día en nuestra realidad material. Por otro, marca el gran poder con el que contamos cada uno de los seres humanos por medio de nuestros deseos, intenciones, pensamientos, emociones, sentimientos y, desde luego, por nuestras acciones, mismas que generan consecuencias particulares. Esto nos obliga a ser conscientes de la enorme responsabilidad que tenemos frente a la vida misma, así como la dignidad y la dimensión infinita que nos confiere nuestra condición humana frente al universo, lo sepamos o no, es decir, seamos conscientes o no. Todo aquello que pidamos nos será dado, sea consciente o no. No olvides tampoco que todo aquello que pedimos para los demás lo pedimos para nosotros mismos, sólo que multiplicado.

Por otro lado, probablemente ya te preguntarás: "Si es real tal afirmación, ¿por qué, entonces, parece que todo lo que pido se va de las manos y todo aquello de lo que pretendo escapar me atrapa con cadenas, grilletes y candados? ¿Por qué cuando pido salud o dinero, la enfermedad se agrava y el dinero escasea? ¿Por qué cuando pido ya no tener deudas, éstas llueven? ¿Y por qué cuando pido ya no tener más problemas ni conflictos, éstos se multiplican?"

Te puedo decir que todo esto se da por ignorancia, por desconocimiento de la dinámica de la mente, por el impacto de los pensamientos y sentimientos sobre la realidad material, así como por el desconocimiento de las leyes universales, del impacto del resentimiento, de la culpa, del *no* en nuestros procesos creativos y, desde luego, de la esencial condición de la fe y la gratitud, no sólo en nuestro mundo interior, sino también, y de manera contundente, en nuestra realidad externa o mundo material.

Analicemos cuidadosamente cada uno de los siguientes puntos:

1. Si tu deseo o intención se encuentra alentado por el egoísmo, la mezquindad, el resentimiento o el miedo, lo que se obtiene siempre es lo contrario de lo que se espera o pide. Por favor, ten bien claro que esto no sucede por castigo divino o *mala onda de Dios*, sino por ley universal, pues el miedo, como cualquier otro de los componentes de la inconsciencia, nos coloca en el mundo del revés, donde todo lo que deseas se te escapa de las manos y todo aquello de lo que quieres escapar lo atraes una y otra vez a tu vida.[1]

2. Todo aquello que piensas lo atraes. Por tanto, si tus pensamientos son hostiles, destructivos y alentados por sentimientos de culpa, de carencia o de enfermedad,

---

[1] Véase *Pensando en ti* (2014), *Pasaporte a la Dimensión de los Milagros* (2015) y *Vivir sin miedo* (2014) de la autora y de esta casa editorial.

lo que te sea dado reflejará la frecuencia vibratoria de tus pensamientos, tanto de los conscientes como de los inconscientes, y éstos son los que generan dolor y sufrimiento. Además, es importante recordar que la culpa, de manera inconsciente y automática, te convierte en el boicoteador de tus propios sueños, esclavo y prisionero de tus recuerdos, lo que genera dolor y sufrimiento, aun cuando ni siquiera te percates de ello.[2]

3. El *no* es un catalizador. Es decir, es un acelerador de todo aquello que no queremos vivir. Esto lo podemos constatar en nuestros procesos de construcción mental o visualización. A continuación te brindo una serie de instrucciones para que intentes visualizarlas:

- No imagines estrellas en el suelo.
- No imagines flores en el cielo.
- No imagines un elefante bailando ballet.
- No imagines una vaca volando.
- No imagines un perrito blanco con suéter rojo.

Ahora te pregunto: ¿Qué fue lo que imaginaste? Estoy segura que tu respuesta será: "Todo aquello que se me pidió que no imaginara". ¿Te das cuenta del impacto del *no* en nuestros procesos creativos? Es por ello, por ley de inconsciencia, que todo aquello que no quieres te llueve. Así, vale la pena mencionar que hay un enfoque que postula que el *no* simplemente no lo entiende la mente y, por tanto, cuando decimos que *no* queremos

---

[2] Véase Raquel Levinstein, *¿Por qué no puedo ser feliz aunque me lo pidan por favor?*, México, Diana, 2007.

problemas, éstos llegan a raudales. No obstante, si observas con detenimiento, podrás darte cuenta de que cuando pides salud ("quiero salud, quiero salud"), a pesar de que el *no* se encuentra ausente, por más que pides salud, ¡no llega! Incluso pareciera que la enfermedad se agrava y la salud se aleja. ¿Encuentras alguna similitud con la vida real?

Con estas observaciones nos queda claro que el *no* es sólo un catalizador o acelerador mental que atrae todo aquello que no queremos. Por ello, parece que nuestra solicitud no ha sido respondida, mientras que todo aquello que pedimos, como dinero, salud, armonía, etcétera, tampoco llega. Cuida de no utilizar el *no* en tus solicitudes al cielo, por ejemplo:

- *No* permitas que…
- Que ya *no* haya delincuencia.
- Que *no* me corran del trabajo.
- Que *no* haya inundaciones.
- Que mi hijo *no* vaya a tener problemas.
- Que ya *no* tenga deudas.
- Diosito, que *no* le pase nada a…
- Que *no* me asalten.
- Que *no* agarre el mal camino.
- Ya *no* quiero tener problemas.
- Que *no* se vaya a enojar conmigo.

Ahora sabes que existen otros factores que coadyuvan a inhibir la respuesta del cielo y que dependen de ellos mismos, no de que Dios no te escuche o se encuentre enojado contigo. Es como un aparato eléctrico: no funciona hasta que lo conectas en el lugar adecuado y lo enciendes; para que tu mensaje llegue al destinatario correcto, primero es necesario encender la computadora, entrar al medio electrónico por el cual deseas enviar tu mensaje, como facebook, buscar al destinatario, escribir tu mensaje en ese sitio y hacer clic en el botón de enviar. Si no haces el procedimiento correcto, por muchos mensajes o invocaciones que envíes, te aseguro que no llegarán al lugar que tú deseas y, por tanto, jamás obtendrás respuesta. Además, si estás resentido e invadido por el miedo y la culpa, si tus intenciones son mezquinas y egoístas, es muy factible que tu oración no obtenga respuesta, al menos no la que tú esperas. O bien, es probable también que cuando obtengas la respuesta a tu solicitud, al poco tiempo, parecerá que la vida *te pasa factura* y te arrebata todo lo que habías conseguido con un gran despliegue de dolor y sufrimiento y, como siempre, querrás culpar a Dios por lo ocurrido.

Deja de culparlo y mejor aprende de tus errores y caídas. La oración que no alcanza a tocar el corazón del Padre es sólo una invocación que se nutre de la fuerza caótica y destructiva de la materia, es decir, que sólo ha logrado el desplazamiento temporal de la materia por la ley del ritmo ("Todo lo que sube baja, todo lo que va regresa"). Por ello, lo que pareciera castigo divino es sólo la consecuencia de tu propia ignorancia e inconsciencia y que retorna a ti y a los tuyos como una ola de destrucción plagada de situaciones que causan dolor y sufrimiento, los cuales caracterizan los tiempos oscuros que estamos viviendo, donde es evidente la ausencia de espiritualidad. También resulta claro cómo la fuerza caótica de la materia nos conduce hacia la violencia, la destrucción y la muerte.

Por su parte, el resentimiento, el enojo y la frustración se generan cuando a pesar de tu solicitud no percibes cambio alguno en tu realidad material, cuando confundes a Dios con Santa Claus y crees que con portarte bien unos cuantos días ya eres merecedor de todo lo que pides. Esta situación te hunde al instante en pozos de desolación, frustración y enojo, lo cual hace que disminuya de forma dramática la frecuencia vibratoria de tus pensamientos y sentimientos. Y, como ahora lo sabes, por ley de atracción comienzas a atraer a tu vida a personas y circunstancias que generan dolor y sufrimiento. Es entonces cuando piensas que Dios no te escucha, que te ha dejado de su mano, o bien, que te está castigando por los mil errores cometidos y otras tantas caídas. La creencia de un Dios castigador y vengativo te invade, además el enojo, la frustración, la culpa te invaden, y comienza *el cuento de nunca acabar*, pues esto te programa para el castigo, el dolor y el sufrimiento. Mientras tanto, piensas que Dios está enojado contigo, te enojas, te peleas con Él y, luego, de nuevo te invade el remordimiento.

Déjame decirte que Dios no se enoja ni te castiga. No se enoja pues la esencia más pura de su presencia es el amor, la misericordia y el perdón. Tampoco te castiga, sólo permite que enfrentes las consecuencias de tus decisiones y tus actos, pues las leyes universales no están sujetas a la corrupción ni al *contentillo* de nadie. Por otro lado, es importante que sepas que Dios siempre responde, aun cuando no sea siempre como tú lo solicitas. No obstante, ¡te lo aseguro!, lo que te envía siempre es para bien. Te sugiero pedir lo bueno en cada situación, así como la guía y la orientación divina cuando lo que recibes pareciera estar en contra de tus deseos, o que ni siquiera logras entender el para qué de tal o cual situación.

¿Te das cuenta? El enojo, la culpa y la frustración no surgen porque Dios no responda, sino porque pretendemos conducirlo, porque no hace lo que nosotros queremos, pero te aseguro que cuando comienzas a confiar en su grandeza infinita, en su amor sin condición, descubres que todo lo que Él nos envía es siempre para bien. Recuerda que nos encontramos en un proceso de crecimiento y evolución, y todo, absolutamente todo lo que llega a nuestra existencia, es para algo, ya sea para aprender a evolucionar, descubrir tu infinito potencial interior, aplicar lo que has aprendido y fortalecer tu infinito potencial interior o para perdonar y ser libres.

Sólo mantén presente que si lo que estás viviendo no es de tu agrado, no es a Dios a quien debes reclamarle. Mejor busca en tus pensamientos, sentimientos e intenciones la causa, y ahí mismo encontrarás la solución, pues aun cuando tú no eres consciente de todo lo que acontece en tu universo mental, también se envían solicitudes al universo desde lo más profundo de tu mente, el inconsciente, a lo que el universo siempre responderá: "Pide y se te dará".

La fe y la gratitud constituyen un requisito indispensable para cristalizar tu solicitud o petición, pues tal como lo señala la sentencia bíblica: "Pide y se te dará". Este tipo de oración es un camino de fe que te invita a mantener la creencia de que aquello que has solicitado ya es una realidad, aun cuando todavía no forme parte de tu existencia, incluso cuando todo lo que te rodea parezca estar en tu contra y la noche por la que atraviesas parezca más oscura que nunca. No olvides que justo cuando la noche está más oscura es cuando se aproxima el alba de un nuevo y maravilloso amanecer. Tampoco olvides que estamos hechos a la imagen y semejanza del Padre, y que todo aquello que crees lo creas. Es por ello que la gratitud, es decir, agradecer por aquello que aún no puedes percibir con tus cinco sentidos, es el pilar en el que se sostiene la fe y la confianza en el Ser Supremo. Estos elementos, fe, confianza y gratitud, te regalan de inicio una infinita paz interior, como si el corazón adivinara que aquello que has pedido ya es una realidad. Recuerda que la fe es certeza de lo que aún no llega, mientras que la gratitud es un pasaporte que te permite el acceso a la Dimensión de los Milagros y te sostiene en el corazón de Dios. Esto es como esgrimir una antorcha encendida que te permite atravesar la noche oscura del alma cuando todo parece más oscuro, e incluso cuando pareciera también que todo está en contra de lo que deseas.

Capítulo 10

Pedir con conocimiento y responsabilidad

Fíjate bien en lo que pides
porque eso te llegará.

Cuando realices tu oración y entables tu facebook con el Ser Supremo, cuando tengas ese diálogo perfecto con Dios, cuando el espíritu del hombre comulgue con el Espíritu Divino, incluso cuando en tus actividades cotidianas o situaciones imprevistas le hagas una solicitud al Creador del Universo, fíjate muy bien en lo que pides ahora que sabes que tus solicitudes siempre obtienen respuesta; ejerce con sumo cuidado este don tan privilegiado, pues es regalo del cielo, herencia divina para ti.

Veamos algunos ejemplos de porqué la respuesta a tus solicitudes puede parecer contraria a lo que solicitas:

1. Recuerda que lo que pides para otro, el Universo te lo regresa multiplicado. Si en un momento de coraje y frustración tienes un mal deseo para los demás, tarde o temprano, en estos tiempos oscuros que enfrentamos como humanidad, te llegará multiplicado a ti y a los que amas: *Tú lo deseaste, tú lo pediste.*
2. Cuando pides fortaleza para aguantar tal o cual situación, cuando menos lo esperas, ¡zaz!, te llega el *ramalazo* para ver qué tan fuerte te encuentras.

3. Cuando pides paciencia y tolerancia para aguantar a alguna persona o situación, te sobrará qué aguantar y tolerar.

4. Cuando pides que alguien haga lo que a ti te parece correcto y que consideras que es para su bien como: "Que haga lo que yo le digo porque es por su bien", "Que se divorcie", "Que deje esas malas amistades", "Que ya no tome", etcétera, por muy loable que parezca tu propósito, estás trasgrediendo el libre albedrío, el don más privilegiado que Dios nos ha concedido. Esto evita que la persona a la que pretendes ayudar enfrente las consecuencias de sus decisiones y sus actos. Recuerda que éste es el camino de aprendizaje para nuestra evolución. Pide sólo el bien, la guía y la sabiduría divinas, pero nunca lo que tú crees que es lo correcto o lo mejor. Deja a Dios ser Dios y no pretendas conducirlo, no le digas lo que tiene que hacer.

5. Cuando pidas que alguien deje de ser violento, que deje de beber o de drogarse, recuerda lo que en este sentido decía san Juan de la Cruz: "Dios nunca va a hacer por el hombre lo que el hombre debe hacer por sí". De tal manera que no esperes que los problemas se resuelvan con el solo hecho de pedir a Dios. En lo material nos corresponde hacer lo pertinente, además de establecer límites y reglas. Al violento o a quien se encuentra inmerso en un mundo de adicciones, le corresponde realizar su propio proceso de recuperación, como rescatar al niño interior para sanar las fracturas del alma, tomar algún tipo de terapia psicológica, ingresar a un grupo de Alcohólicos o Adictos Anónimos, etcétera.

A Dios sólo pídele el bien de cada situación, su orientación, guía y protección. Utiliza también los colores del espíritu[1] en tus procesos de visualización y descubre el fascinante recurso que Dios nos regala por medio de los colores del arcoíris, con el cual el Arquitecto del Universo establece una alianza eterna con la humanidad, pues es bien sabido que físicamente cada uno de los colores del arcoíris tiene una frecuencia de vibración particular, mientras que en lo metafísico poseen dones y virtudes específicas:

- Luz blanca para invocar la presencia bendita del Padre y su luz divina para alumbrar nuestro camino y obtener un despertar espiritual.
- Luz violeta para invocar la ley del perdón y la misericordia divina.
- Luz azul para invocar el poder, la voluntad y la protección divina.
- Luz verde para invocar la salud, la verdad, la vida en plenitud, la abundancia y la verdad que nos hace libres.
- Luz amarilla-dorada para solicitar la guía y orientación divina.
- Luz naranja para invocar armonía, serenidad, paz, prosperidad y provisión divinas.
- Luz rosa para pedir que el amor divino nos cobije de día y de noche, en todo momento y en todo lugar.

---

[1] Véase de la autora *El perdón, una onda cuántica de libertad* (Panorama, 2006), *El infierno del resentimiento y la magia del perdón* (Panorama, 2014) y los audios de *Estrella de Plata*.

Mantén siempre presente que la oración es un facebook con Dios, un contacto directo con quien hizo cielo, mar y tierra, que ante sus ojos divinos tú eres mucho más que todos tus errores cometidos: eres criatura amadísima de Dios, *hecha a su imagen y semejanza*, por herencia divina, por el indescriptible amor del Padre, ya que ni el peso de nuestros errores ni mil caídas lo alejan. Desde luego, tampoco es por nuestros méritos que responde a cada invocación, pues ni éstos ni los realizados en mil vidas serían suficientes para alcanzar tal gloria y tanta bondad.

Así que cuida mucho lo que pides y jamás descuides tu universo mental ni emocional, pues todo aquello que piensas y sientes, sea consciente o no, lo atraes a tu vida. Recuerda que tus pensamientos, sentimientos y emociones, en esencia, son impulsos de energía e información y son un imán para el universo. Es decir que, por ley de atracción y acorde a la frecuencia vibratoria de los mismos, atraen a tu vida personas y circunstancias que te hacen resonar con el dolor y el sufrimiento cuando tus pensamientos, sentimientos y acciones son de muy bajo nivel vibratorio (generados por el miedo, el resentimiento, la culpa, los celos la envidia, la mezquindad, el egoísmo, etcétera), o bien, con la paz, la dicha y la libertad (generados por el amor, la gratitud, la bondad, etcétera).

Capítulo 11

Lo que pides para los demás lo pides para ti

> Todos somos uno en la Mente Infinita
> de donde procede toda la creación.
>
> El Kybalión

Antes de hacer tu solicitud a la mente infinita del Padre es importante que sepas que todos los seres vivos somos las células de un universo infinito y que aquello que afecta a uno afecta a los demás. Es por ello que cuando pides por otro lo pides para ti mismo. Te invito a pedir para los demás lo que pedirías para ti, ya que este solo hecho le agrega una indescriptible fuerza a cada oración. Además, ten por cierto que mientras logremos mejorar la vida de cualquier ser vivo, estaremos haciendo lo mismo con la nuestra. Conviértete en la mano extendida del Creador, en un rayito de luz para el mundo, una bendición para la humanidad y para este bendito planeta que Dios nos regaló como hogar; es el momento de asumir nuestra responsabilidad y privilegio como cocreadores conscientes de nuestra realidad material y de nuestra salud mental y corporal, así como de nuestro equilibrio interior.

Para este propósito no olvides que la oración nos permite mantener un vínculo constante con la fuente generadora de toda la vida, además de convertirnos en *un puente entre los poderes del cielo y los poderes de la tierra*, es decir, ser el instrumento mediante el cual Dios instala su reino en el aquí y el ahora, ser la mano extendida del Creador y constructor de una tierra y vida nuevas, no sólo para ti y los que amas, sino también para cada uno de los hijos de Dios. Es en este punto en donde reside un gran secreto: cuando pides para otro lo mismo que pedirías para ti, el poder de la oración se multiplica y regresa a ti y a los tuyos como una ola de infinitas bendiciones.

Mientras tus solicitudes sean sólo para tu conveniencia, es decir, para bien propio y de los tuyos, el egoísmo y la mezquindad harán que toda esa energía que emana del corazón de Dios, al no permitirle fluir de forma libre y caudalosa, como un río que corre hacia el mar para regresar a su origen y continuar con el ciclo interminable de la vida, se acumule y contamine generando serios problemas (de los cuales, para no variar, responsabilizamos a Dios) como conflictos, carencias, enfermedades, deudas, los problemas para los que en oración pediste solución se agravan y pareciera que Dios no te escucha, que te ha dejado de su mano.

Por otro lado, sólo es posible pedir el bien para los otros cuando hemos dejado de lado el resentimiento, cuando miramos a los demás con compasión en vez de crítica o juicio, es decir, cuando vemos a los demás aunque sea un poco como nos mira Dios. Cuando hemos aprendido a voltear al cielo, cuando nuestras oraciones, pensamientos y sentimientos han extendido las alas y como ángeles han logrado alcanzar el corazón de Dios, cuando hemos logrado percibirle a Él en lo grande y en lo pequeño, en lo finito y lo infinito, así como en cada manifestación de vida, es entonces cuando se hace posible comprender que quien vive de espaldas a la vida, quien causa daño a los demás, a sí mismo o la vida misma, en cualquiera de sus manifestaciones, vive inmerso en la turbulencia de la inconsciencia, atormentado por la lápida de la culpa, el miedo, el resentimiento, las fracturas del alma que se generaron desde la más temprana infancia, la inseguridad que se disfraza con violencia o se evade en adicciones, experimentando tanto dormido como despierto la noche del alma, la noche que parece no tener fin.

De la compresión surge la compasión, la cual constituye los cimientos para el perdón genuino y, como ahora bien lo sabes, sin éste no es posible dejar la prisión de la inconsciencia ni liberarse de los grilletes del miedo, mucho menos tocar el corazón de Dios con nuestras oraciones y solicitudes.

Así que te invito de nuevo a realizar el proceso de perdón. Para este propósito te sugiero utilizar los materiales recomendados en la nota de la página 65, y realizar los ejercicios de perdón que ahí se sugieren. Entonces prepárate para entablar un diálogo secreto y silencioso con el Espíritu Divino, con el amor de Dios. Recuerda siempre pedir por los demás lo mismo que pedirías para ti y para los que más amas. Pide:

- Que el perdón y la misericordia divina liberen a todos y a cada uno de sus hijos de las garras de la inconsciencia.
- Que su presencia bendita sea el lazo de perdón y reconciliación entre los hombres y entre las naciones.
- Por la apertura de conciencia de la humanidad entera.
- Que en donde haya violencia se instale la paz.
- Que donde haya carencias Él sea nuestro proveedor y sustento.
- Que su luz divina marque el fin de la noche oscura por la que atravesamos como humanidad.
- Que todo aquél que clame ayuda sea escuchado.
- Que envíe a sus ángeles para proteger a los más pequeños e inocentes.

- Que inflame la llama de la esperanza en el corazón de los jóvenes y adolescentes.
- Que su protección divina nos resguarde y aísle de todo mal y peligro.
- Que los que han dejado este plano material encuentren el camino de luz que los acerca a su corazón.
- Que su presencia bendita reine en todo momento y en todo lugar.
- Que tome las riendas de nuestra existencia.
- Que se renueve el afán de servicio y la gratitud en el corazón de todos los hombres.
- Que sea el consuelo de nuestras tristezas.
- Que sea compañía en nuestra soledad.
- Que su luz brille en la oscuridad.
- Que sea provisión en nuestras carencias.
- Que sea claridad en la confusión.
- Que sea salud en la enfermedad y serenidad en donde hay conflicto.
- Que resguarde la inocencia de todos los niños
- Que sea protección, compañía y provisión para los ancianos.
- Que sea la manifestación divina y perfecta en toda corriente de vida.
- Que nos permita ver el bien de cada situación.
- Que nos permita ver a los demás como Él nos mira.
- Que se instale su reino en el aquí y el ahora.

Pide lo que quieras, pero nunca olvides pedir por los demás, no sólo por tus necesidades, sino por las de la humanidad. Recuerda que el inmenso poder de la oración se multiplica cuando pides para otros lo mismo que pedirías para ti.

Capítulo 12

Voluntad divina / Voluntad humana

Ceder es vencer.

PROVERBIO ORIENTAL

Cuando descubres el amor infinito del Padre con el que cobija toda manifestación de vida y arropa tus sueños hasta convertirlos en realidad, cuando has aprendido a concebirlo como el Dios bueno y misericordioso, el que se encuentra en todo momento con las manos extendidas sin reclamo, reproche ni condición, te será fácil renunciar a la voluntad humana y pedir que la *voluntad divina* se haga manifiesta. Esta acción, cuando se realiza desde lo más profundo del corazón, nos hace dar, aun sin saberlo ni darnos cuenta, un salto cuántico desde la fuerza caótica y destructiva de la materia hasta el corazón del Ser Supremo, donde el alma se tiñe de gloria y descubre el camino para transformar y trascender la realidad.

Es en ese momento cuando desde lo más profundo de nuestro ser, en la reverencia divina del alma, que anhelante busca e invoca a su Creador para solicitar que su voluntad divina y perfecta se haga manifiesta, la lucha y el conflicto interior ceden y entregan las riendas de nuestra existencia a la mente infinita del Padre, al amor y la misericordia de Dios. Es la comunión del espíritu del hombre con el espíritu de Dios, la realización plena del alma, el despertar de conciencia que nos permite transformar y trascender toda realidad material. Es el salto cuántico de la tierra de la esclavitud, o mundo material, a la tierra de la libertad, o mundo espiritual, desde donde es posible transformar la existencia cotidiana que nos asfixia y agobia; es el Reino de los Cielos en el aquí y el ahora, donde todas las cosas fluyen para bien, siempre en armonía con el mundo y de manera perfecta como perfecto es el Señor, nuestro Dios.

Si te das cuenta, no sólo la realidad que enfrentamos día a día, la cual de mil formas nos grita que no estamos haciendo lo correcto, sino también los descubrimientos más impactantes de la ciencia en diferentes ámbitos del saber humano marcan la necesidad de religarnos conscientemente con la fuente generadora de toda la vida, el principio o campo primordial de donde proviene toda realidad material, es decir, todo aquello que podemos captar por medio de los cinco sentidos. Sin este vínculo consciente con el campo invisible e intangible de donde proviene toda la creación, la materia no consigue la fuerza para regenerarse, pues por su propia naturaleza tiende hacia el caos, la destrucción y la muerte; *todo lo que nace, crece y desaparece*. Esto es lo que enfrentamos hoy en día, la destrucción de nuestros sueños que se desvanecen ante el miedo, la violencia, la corrupción, las reiteradas crisis económicas y un sinfín de enfermedades y diagnósticos fatales que afectan incluso a los niños y recién nacidos.

No obstante, también somos testigos y partícipes de los milagros cotidianos, de las remisiones espontáneas ante un diagnóstico fatal, de las puertas que se abren en forma de oportunidades cuando antes parecían cerradas, de secuestrados que regresan a casa, de alcohólicos y adictos que logran superar su adicción y de mil problemas que parecían insolubles pero encuentran salida y solución. En mi programa radiofónico, *Siempre contigo*, que se transmite todos los días a las 11:30 a.m.

por Radio Centro 1030 AM, todos los días hacemos oración *desde el templo hecho sin manos*, es decir, desde el corazón. Sin importar la religión o creencia particular que se profese, mucho más allá de ritos, dogmas y ceremonias, miles de personas en todo el mundo, si no es que millones mediante internet, nos dirigimos al Dios Padre, al Dios bueno y bondadoso, creador y dador de toda la vida. Pedimos no sólo por nuestras necesidades particulares, por nuestros seres queridos y por nosotros mismos, sino también por el despertar de conciencia de la humanidad, por los que han dejado este plano material y por sus deudos, por las necesidades de cada uno de los amadísimos hijos de Dios, por la protección de los más pequeños e inocentes, la salud de los enfermos, etcétera. Lo impresionante es que diariamente recibimos testimonios estremecedores de diferentes partes del mundo de quienes han encontrado el milagro como respuesta a cada oración.

De lo anterior podemos inferir que existen dos panoramas por completo diferentes:

1. El caos y la destrucción que se manifiesta cuando permanecemos anclados solamente a las cosas materiales.
2. La libertad y el gozo que se experimenta cuando invitamos a Dios a nuestra vida y sentimos la luz de su presencia, el cobijo de su infinito amor y, con conciencia, caminamos con Él al hacer oración e invocar su voluntad divina y perfecta.

Estos extremos de nuestra realidad cotidiana me recuerdan la frase de Don Quijote que decía: "¿Quién está más loco, el que ve el mundo como es o aquél que ve el mundo como debería ser?" Si de locuras se trata, yo elijo la segunda, pues sé que todo aquello que podemos imaginar es también posible hacerlo realidad, que con Dios hasta lo que en lo material y humano pareciera imposible se hace posible. Sólo te pido que no olvides lo que san Juan de la Cruz dijo: "Dios nunca va a hacer por el hombre lo que el hombre debe hacer por sí mismo". A nosotros nos corresponde lo posible, a Dios lo que para nosotros pareciera imposible.

Recuerda también que nuestro ámbito de posibilidades abarca tres planos por medio de la conciencia o capacidad de darse cuenta:

1. El plano material de nuestra realidad cotidiana.
2. El plano espiritual o *campo unificado de todas las cosas* de donde proviene toda realidad material.
3. El plano subatómico que corresponde al mundo de las partículas más diminutas de la materia que responden a los pensamientos de la humanidad, sean éstos conscientes o no.

Ahora te invito a conocer el camino de creación y transformación que se observa en el mundo subatómico, donde las partículas más diminutas de la materia logran transformar la realidad material cuando penetran en el campo invisible e intangible de un sustrato no definido, mágico y misterioso que emana de la mente infinita del Creador, la fuerza o esencia espiritual intangible e invisible de la que surge todo lo que podemos palpar por medio de nuestros cinco sentidos.

Para comprender el proceso de la creación y la necesidad de mantenernos de forma consciente ligados con la fuente generadora de toda la vida, utilizaremos una de las más importantes leyes universales, por la cual es posible entender el paralelismo que existe entre lo que pasa en diferentes planos de la existencia y lo que acontece en el universo de nuestra propia mente: la ley de correspondencia ("Como es arriba es abajo"). Por tanto, podemos inferir que así como es en el cielo, es también en la tierra, y como es en las partículas más diminutas, también acontece en nuestra mente.

Bajo este precepto revisemos lo que acontece en el mundo subatómico, el cual se encuentra poblado por diminutas partículas en continuo movimiento que chocan unas contra otras y despliegan enormes cantidades de energía caótica y destructiva, la cual caracteriza a la materia y se manifiesta en la mente neurótica con pensamientos que corren hacia el pasado para llenarse de vergüenza y dolor, luego se dirigen hacia el futuro, generando angustia, temor y desolación. Es la misma que observamos en el comportamiento de la humanidad hoy en día, cuando sólo se busca el bien material y nos encontramos tan alejados del Creador, de la fuente generadora de toda la vida, de la Mente Infinita en la que fluye toda la creación.

En el mundo subatómico, cuando algunas partículas, por medio de la función onda de Schrödinger, el equivalente a una inclinación o reverencia, desaparecen ante el ojo humano, consiguen penetrar en una dimensión invisible e intangible pero perceptible por su impactante energía. Esta zona es para algunos el campo cuántico, campo supracuántico, campo unificado de todas las cosas, campo superimplicado, campo primordial, campo de Higgs o Dimensión de los Milagros.

Los físicos cuánticos nos dicen que esta dimensión jamás podrá percibirse por el ojo humano o sentido físico alguno, sin importar qué tan compleja sea la tecnología que se utilice, pues es un campo o realidad no definida donde las partículas se convierten en ondas de energía y al colapsarse, mediante el efecto de frenado, retornan en forma de partículas y, por tanto, con carga material y un complejo vibratorio, entonces, *aun cuando son las mismas, ya no lo son*, pues tienen la cualidad de transformar la realidad material. Es decir que, mediante la función onda que implica inclinación o reverencia, han logrado despojarse de toda carga material y dar un salto cuántico a la Dimensión de los Milagros para regresar de nuevo a la dimensión de la realidad material, pero con la fuerza y capacidad que sólo puede otorgar el campo invisible e intangible, donde fluye la fuerza espiritual que nos conecta con la mente infinita del Padre, en donde es posible adquirir la sabiduría y fortaleza suficiente para transformar y trascender la realidad material.

Si esta explicación no ha sido del todo clara para ti, no te asustes, un gran físico y matemático, incluso galardonado con el Premio Nobel de Física, Erwin Schrödinger, describió la función onda en el mundo subatómico y señala que "quien dice haber entendido la física cuántica es quien no ha entendido nada". Esto lo comprendemos cuando nos damos cuenta de que esta ciencia nos abre una puerta al infinito océano de posibilidades, a la Dimensión de los Milagros, donde hasta lo imposible se hace posible y donde el pensamiento humano se tiñe con la gloria del Padre para darle forma a las partículas más diminutas de la materia, y así forjar una nueva realidad, la cual sólo puede ser sostenida y transformada con la fuerza avasalladora del Espíritu Divino, mediante la guía y la orientación de la sabiduría divina, la fuerza impactante del amor de Dios, la protección divina y la voluntad de nuestro Creador.

Por la importancia de estos postulados te pido que no olvides que, si bien es posible forjar una nueva realidad, ésta sólo se encuentra a nuestro alcance cuando las partículas han logrado penetrar en la dimensión invisible e intangible, que no sólo es energía, sino también sustancia e inteligencia que proviene de la mente infinita del Padre, de la fuerza espiritual o fuente generadora de toda la vida.

De ahí que, en nuestro caso, cuando renunciamos a la voluntad humana para despojarnos de toda carga material, autoengaño, mezquindad, miedo, resentimiento, culpa y egoísmo e invocar la voluntad divina y perfecta del Creador de cielo, mar y tierra, logremos dar un salto cuántico, por medio de la conciencia, para religarnos con la fuente generadora de toda la vida. Es entonces que es posible no sólo transformar y trascender la realidad material que nos agobia y nos avergüenza, sino que también es viable forjar un mundo nuevo, una mejor vida *donde los hombres volverán a ser hermanos.*

Sé que no es fácil renunciar a nuestra voluntad humana y material cuando durante siglos se nos ha inculcado que sólo con la voluntad es posible alcanzar grandes metas y realizar nuestros sueños. No obstante, en la realidad que enfrentamos hoy en día, cuando parece que el mundo se desmorona entre las manos junto con nuestros sueños y anhelos más encumbrados, debemos hacer un alto para evaluar los resultados, los cuales nos indican que no hemos estado haciendo lo correcto. Para ilustrar, te menciono los siguientes ejemplos que son realidades palpables de nuestra cotidianidad:

- El alcohólico, el adicto, el comedor compulsivo, el anoréxico y el bulímico mientras más luchan y utilizan la voluntad para dejar adicciones, por mucha que tengan, más se incrementa su obsesión por beber, drogarse, comer compulsivamente, dejar de ingerir alimentos o provocarse el vómito. Hasta que existe un *despertar espiritual*, a partir de un fondo emocional o sufrimiento muy intenso, o bien, la derrota voluntaria (es decir, reconocer la limitación material y de la voluntad humana), nos volvemos humildes y reconocemos que existen problemas, ya sean en la manera de beber, en la relación con los alimentos o en las distintas adicciones. Sólo con la humildad se puede reconocer la impotencia para salir por nuestra cuenta de algún problema por sí mismo e invocar la ayuda e intervención del Ser Supremo.

Es entonces cuando refieren que la obsesión desaparece, si bien deben continuar trabajando cada día con sus defectos de carácter, emociones, pensamientos destructivos, apegos, culpas, miedos, resentimientos, etcétera; es sólo cuando se invoca la intervención de un Poder Superior, como cada quien pueda entenderlo, desde un fondo emocional o derrota voluntaria, que la obsesión por drogarse, beber o cualquier trastorno alimenticio desaparece *sólo por hoy*.

- También es el caso de quienes han realizado con gran esfuerzo y voluntad una carrera profesional y no encuentran oportunidades de desarrollo, ya que con frecuencia deben realizar una actividad ajena a su formación profesional para ganar el sustento de cada día.

- Por desgracia cada vez son más los casos de personas que con gran esfuerzo y voluntad se hacen de algún inmueble como un carro o de su casa o condominio, y por una u otra razón se ven despojados de los mismos (por asalto, secuestro, embargo, etcétera).

De tal manera que, si somos atentos a lo que acontece en nuestro vivir diario, tal parece que todo aquello que se ha conseguido sólo con esfuerzo y voluntad humana tiende a desaparecer por un motivo o por otro, como es el caso de las partículas más diminutas de la materia, en las cuales observamos que sólo son capaces de penetrar en el campo primordial o fuente generadora de toda la vida, mediante la función onda (que puede ser interpretada como equivalente de la derrota, sumisión o inclinación ante el Ser Supremo), para luego retornar al plano material y transformar y trascender la realidad física: *Todo pasa, sólo Dios queda*.

En estos últimos casos, como todos y cada uno de los que enfrentamos día con día, aun cuando en lo material parece imposible la solución de los mismos, te aseguro que con el poder y la fuerza que otorga el espíritu siempre encontramos respuesta, incluso mejor de lo que se hubiera esperado. Esto es posible cuando con profunda humildad, después de haber realizado un proceso de perdón, el cual por su elevada frecuencia nos lleva hasta el corazón de Dios, se renuncia a la voluntad humana para que, al igual que las partículas más diminutas de la materia cuando realizan una inclinación o función onda, por medio del reconocimiento de nuestra limitación y fragilidad humana, acompañada de la reverencia del alma que con profunda humildad invoca a su Creador, nos despojemos de toda carga material y penetremos en la Dimensión de los Milagros para teñirnos con la gloria del Eterno. Sólo entonces transformaremos nuestra realidad material y cristalizaremos nuestros sueños más encumbrados.

Por si fuera poco, esta transformación no depende del tiempo, es decir, no tienen que pasar años o siglos para observar el cambio y la innovación. Mediante el proceso de renuncia a nuestra voluntad humana y la invocación de la voluntad suprema, es posible dar un salto cuántico al corazón de Dios. Así, teñidos con el amor y la gloria del Eterno, comenzamos a experimentar en el aquí y el ahora el Reino de los Cielos, donde todas las cosas fluyen para bien.

No obstante, la voluntad humana tiene una gran relevancia en nuestro plano material. Sólo te sugiero que la utilices para esforzarte cada día, para ser una persona mejor y mantenerte de forma consciente unido a la fuerza generadora de toda la vida, a la mente infinita del Padre, al corazón de Dios. No olvides que todo problema tiene solución, sólo debes encontrar el camino adecuado para lograrlo, y éste se muestra claro cuando con profunda humildad reconoces tu limitación material, volteas al cielo e invocas la ayuda divina, la intervención de Dios, entonces descubres que el cielo está abierto para ti.

No lo dudes, la voluntad humana siempre es útil para esforzarte cada día por ser una mejor persona, para perseverar en tus metas y propósitos, y para mantenerte de pie frente a la tempestad. Pero para transformar y trascender la realidad es necesario vincularte con la fuente generadora de toda la vida: el espíritu de Dios, la mente infinita del Padre. Esto sólo es posible a partir de la humildad, mediante la reverencia del alma ante su Creador (el equivalente a la función onda que realizan las partículas más diminutas de la materia). En la dinámica de la mente, con nuestros pensamientos, sentimientos y emociones, lograrás penetrar en la Dimensión de los Milagros y dar el salto cuántico que te permita tocar el corazón de Dios, y con Él y en Él descubrir que incluso lo que pareciera imposible, se hace posible.

Si bien a Dios nunca vas a conocerlo mediante de la razón, pues sólo es posible percibirlo desde el corazón, espero que estos conocimientos te impulsen a mantener los pies bien puestos en la realidad material, la cual debemos transformar, y la mirada del corazón y del alma siempre en dirección al cielo para mantener un contacto consciente con Dios.

Recuerda que el salto cuántico más impactante y trascendente que podemos dar como individuos, y como humanidad, es el que se logra por medio de la renuncia de nuestra voluntad humana y de solicitar la voluntad divina, con la confianza plena de que todo aquello que viene del Padre siempre es para nuestro bien. Sólo es necesario dejar atrás la tierra de la esclavitud de la materia para penetrar en *la tierra prometida, la tierra de la libertad*, el Espíritu Divino que se encuentra no más lejos que un suspiro, no más distante que una simple y sencilla oración.

¿Te das cuenta? Es posible instalar el Reino de los Cielos en el aquí y el ahora cuando por medio de la derrota divina, de la inclinación del alma que busca anhelante a su Creador, somos capaces de renunciar a nuestra voluntad material y humana, y así, con profunda devoción, invocar la voluntad del Padre, y, desde lo más profundo del corazón, decir: "Hágase tu voluntad y no la mía". Y con ello renunciar a la pretensión de que el mundo, nuestros semejantes, la vida y hasta Dios hagan lo que nosotros creemos que es lo correcto; ceder ante la magnificencia del Espíritu Divino; dejar de luchar contra todo y contra todos, incluso contra nosotros mismos, para alcanzar la gloria en el aquí y el ahora, y experimentar el Reino de los Cielos en cada experiencia y en cada amanecer.

Capítulo 13

La gratitud: un tuíter permanente con el Eterno

La gratitud es un pasaporte automático a la Dimensión de los Milagros, una onda cuántica que nos permite acceder al Corazón de Dios, tal y como cada quien pueda entenderlo y concebirlo. No es de sorprenderse entonces que Dante Alighieri, en su obra inmortal, *La divina comedia*, señalara que uno de los infiernos donde existe mayor sufrimiento fuera el de los ingratos. Y esto lo podemos observar no sólo en ese poema, sino también en la vida cotidiana. Una persona ingrata es una persona amargada, plagada de frustración, envidia y resentimiento, por tanto, te lo aseguro, su vida es un infierno.

Una persona ingrata no valora siquiera el milagro de la vida que nos regala Dios en cada amanecer. Mucho menos tener una familia, un hogar, una patria. Tampoco le importa, y mucho menos agradece, la oportunidad de estudiar o tener un trabajo. Piensa que el mundo está en deuda con él, y por supuesto siempre tiene algo o alguien a quien envidiar. Una persona ingrata también es egoísta e incapaz de ejercer el privilegio de servir a los demás. Por el contrario, espera que los demás le sirvan y le rindan pleitesía o sacar provecho personal de cualquier situación. Por eso, es común que se encuentre peleada y distanciada de Dios, a quien frecuentemente culpa por el infierno que experimenta cada día y porque no hace su voluntad. Desde luego que a una persona desagradecida le sobran razones para pelear y reclamar, pues ignora que es ella misma quien ha generado su propio infierno, enclaustrada entre las sombras de la ingratitud alejándose, sin conciencia de ello, de la fuente generadora de toda la vida.

Mientras que a una persona agradecida le sobran motivos para dar las gracias, por tanto, valora los mil motivos que el Señor nos entrega en todo momento y lugar, a tal grado de experimentar la dicha infinita de cada instante, manteniendo un nexo permanente con quien hizo mar y tierra. Cada vez que agradeces te encuentras tuiteando con Dios, descubre en cada momento y circunstancia los mil motivos o tuits que el Señor te envía para decirte cuánto te ama y cuán importante eres para Él. Éstos son sólo algunos de ellos:

- Por estar con vida.
- Por el agua que sacia nuestra sed y baña a nuestro cuerpo.
- Por la luz y el calor del sol.
- Por la brisa fresca que se percibe en el rostro como caricia del cielo.
- Por el canto y el vuelo de las aves que en su aparente fragilidad y pequeñez nos hablan de grandeza.
- Por el aroma y el color de las flores que adornan nuestro mundo y alegran nuestra existencia.
- Por el color del cielo y la forma de las nubes que cambian a cada momento.
- Por la danza silenciosa de las hojas de los árboles con el viento.
- Por cada latido del corazón que en silencio parece decir que Dios vive y palpita en ti.
- Por el techo que nos cobija.
- Por la familia que nos regala.

- Por el alimento que lleva a nuestra mesa.
- Por la oportunidad de servirle a la vida con amor.
- Por nuestro trabajo, que es como una bendición.
- Por la oportunidad de estudiar.
- Por permitirnos descubrir que la muerte es vida en su corazón, y que lo que se ama… jamás se pierde.
- Por los milagros cotidianos que nos entrega como respuesta a cada oración.
- Por las adversidades que más bien son oportunidades de descubrir nuestros poderes interiores, voltear al cielo e invocar la ayuda de Dios.
- Por la fuerza libertadora que nos regala el perdón.
- Por la tierra bendita que nos entregó como hogar, y por tantas y tantas otras cosas más.

En el corazón de una persona agradecida se encuentra no sólo la dicha y la plenitud de quien se sabe poseedor del milagro más grande, que es la vida misma, sino también muestra compasión hacia quien se encuentra prisionero de la inconsciencia, pues ha sido capaz de reconocer y enfrentar sus propios errores, por ello, sabe bien que quien se encuentra preso de la fuerza caótica y destructiva que caracteriza a la inconsciencia, que se encuentra anclada a la materia, vive en el autoengaño y no percibe la magnitud de las consecuencias de sus actos, *no sabe lo que hace*. Esa persona agradecida también ha descubierto la magia y el milagro que regala el perdón cuando se realiza desde lo más profundo del corazón, y con ello ha dejado de ser prisionero del ayer, pues sabe que éste es sólo un camino de aprendizaje de *ponerse en los zapatos de los demás*, de perdonar, crecer y trascender al transformar los errores cometidos en peldaños de conciencia y libertad.

Una persona agradecida tampoco teme al futuro, incluso lo espera con beneplácito, pues ha descubierto la presencia sublime del Padre en lo grande y en lo pequeño, en lo finito y lo infinito. Así percibe cada instante de la vida como un regalo del cielo y sabe que lo que de Dios viene para nosotros, sus hijos, siempre es para bien, aun cuando en muchas ocasiones, en primera instancia, no logremos percibirlo como tal.

La gratitud sincera, la gratitud que emerge desde lo más profundo del corazón, es la que además construye el camino de la fe, que es la antorcha encendida de la certeza, la cual nos permite transitar a través del bosque oscuro de la inconsciencia, por la oscura noche del alma, sabiendo que se encuentra próximo el amanecer de un nuevo día y una vida nueva, una vida mejor.

No olvides que la gratitud, además de constituir un *tuiter espiritual* con el Ser Supremo, nos permite:

- Valorar y aprender de cada experiencia del pasado, que finalmente es el que nos ha permitido llegar hasta este hoy.
- Valorar y aprender de cada experiencia del presente, pues ya sabemos que cada hoy constituye la única oportunidad de construir un mañana apoyándonos en las experiencias del ayer. Sólo desde cada hoy es posible voltear al cielo y caminar tomados de la mano del Creador.
- Agradecer por el mañana que aún no llega pero que se confía en que será un mañana mejor, pues hemos aprendido a creer firmemente en que Dios no nos deja de su mano ni un instante, y que con Él y en Él hasta lo imposible se hace posible.

- Mantenernos siempre conectados con la fuerza suprema y generadora de toda la vida.
- Percibir el mundo desde un enfoque amable, en el cual es posible percibir lo bueno y experimentar lo mejor de cada situación.
- La gratitud es un excelente digestivo, pues con el corazón agradecido los alimentos se digieren mejor.
- También es un excelente y natural somnífero que te regala un sueño profundo y reparador.
- Es un maravilloso cosmético natural, pues le regala brillo a la mirada y dibuja en el rostro una sonrisa de felicidad.

¿Eres una persona agradecida o has permitido que los celos, la culpa, la envidia, el resentimiento y el miedo te transformen en una persona ingrata y amargada, generadora de todo tipo de conflictos y carencias? Si esto último fuera el caso, te pido que al menos dejes de culpar a la vida, a los demás y, sobre todo, a Dios. Comienza a verter gotitas de gratitud en tu mente y en tu corazón. Mantén, por medio de la gratitud, un tuiter con el Eterno, y sorpréndete a cada momento por las respuestas que te envía, las cuales sólo pueden percibirse desde un corazón pleno de gratitud.

Capítulo 14

Oración cuántica

La siguiente oración contiene cada uno de los principios herméticos o leyes universales. Te pido que la leas con suma atención y, sobre todo, que cuando la utilices lo hagas con profunda devoción y con el corazón, pues recuerda que la oración tiene como fin tocar el corazón de Dios para que bajo su gracia y espíritu divino sea posible transformar la realidad material y ver el milagro como respuesta a cada oración:

En el nombre bendito del Padre, bajo su voluntad divina y perfecta, navego en la Mente Divina, en donde me muevo, respiro y tengo mi ser. Ahora sé que en la Mente Divina, nada se pierde, todo lo tengo y, por regalo del cielo, herencia divina, todo me pertenece [*principio de mentalismo*].

Así como es en la Mente Divina también es en mi propia mente; así como es en mi mente es mi realidad; como es en los cielos sea también en la tierra [*principio de correspondencia*].

Con mis más encumbrados pensamientos y mis más nobles sentimientos, mi alma y mi ser se elevan como ángeles hasta el corazón de Dios. Con profunda humildad reconozco mi propia finitud humana y material, así como la magnitud de mis errores y caídas, que me hacen caer en frecuencias vibratorias tan densas que, aun sin darme cuenta, atraen dolor y sufrimiento a mi existencia. No obstante, el percatarme de ello y aceptar mis errores y problemas me brindan la oportunidad de perdonar de todo corazón aquello que haya causado daño de forma consciente o inconsciente, y así elevarme de nuevo hasta el corazón de Dios, pues sólo el que perdona es perdonado. Y el perdón genuino, el que sale del corazón, me permite elevarme hasta dimensiones insospechadas, donde es posible conocer el rostro del Creador [*principio de vibración*].

Apelando a la ley del perdón y la misericordia divina, para liberarme ahora y para siempre de todo error pasado y presente, así como de sus causas, núcleo y efectos, me sostengo en el Espíritu Divino a cada instante y en cada momento de mi vida, y con ello descubro que ninguna creación humana tiene poder alguno sobre mí. Así, bajo el cobijo del amor, protección y voluntad divina, transmuto toda enfermedad en salud y vitalidad, la disonancia en armonía y paz, la carencia en riqueza y prosperidad, el odio y el rencor en amor y libertad.

Y con profunda fe en la sabiduría infinita del Padre, confío plenamente en que la noche oscura por la que atravesamos como humanidad está por terminar. Así como a cada noche le sigue al alba que anuncia la llegada de un nuevo amanecer, percibo en mi propio corazón la llamada para despertar y elevar la conciencia hacia el crepúsculo de una nueva era, de un nuevo y maravilloso día [*principio de polaridad*].

Así como las olas que van y vienen, sé que todo lo que se siembra se cosecha. Pero por tu grandeza e inmenso amor sé que es posible evitar el dolor y el sufrimiento, aun cuando de forma consciente o inconsciente se hayan sembrado vientos; puedo evitar las tempestades cuando, con profunda humildad y compromiso firme de no cometer de nuevo aquello que sin darme cuenta causó daño, invoco tu perdón y misericordia que no tienen límite ni parangón. En tu mente infinita me sostengo, en tu amor me cobijo, y amparado por tu misericordia y perdón, me libero del retorno de la oscuridad y el sufrimiento [*principio del ritmo*].

Los pensamientos de Dios son mi propia causa. Yo mismo soy un pensamiento divino hecho realidad. Por ello, puedo afirmar que la mente infinita del Padre es mi origen, mi principio y mi fin. Por tanto, al navegar con conciencia en la Mente Divina, mi mundo, mis circunstancias y mi propia vida se tornan perfectos, como perfecto es Él, nuestro Señor [*principio de causa y efecto*].

Los pensamientos de Dios fecundan mis propios pensamientos, los cuales cobran vida en mis sentimientos, que se encuentran impregnados del amor del Padre, gestándose a cada momento el afán de servicio a la vida y a los demás, así como una gratitud infinita que colma de dicha a mi alma y a mi corazón. Así se genera a cada día y a cada momento una vida plena de bendiciones.

Aquí y ahora, con plena conciencia, afirmo que mi vida es la vida de Dios, que mis manos son las manos extendidas del Creador para servir a los demás con el amor y la gratitud que inundan a mi mente y a mi corazón.

Gracias, Padre, por el milagro de la vida, por mi despertar de conciencia en ti y permitirme descubrir que con tu amor infinito y las leyes universales que rigen nuestro universo es posible elevarme por encima de toda adversidad y que *si tú en mí y yo en ti ¿quién o qué contra mí?* [*principio de género*]. Amén.

Capítulo 15

El Padre Nuestro

Esta oración hebrea, que nuestro hermano mayor, Cristo Jesús, hizo universal, también contiene profundas verdades. Te pido que juntos las descubramos y las hagamos nuestras:

Padre nuestro. Ni tuyo ni mío, sino de todo ser vivo, lo que nos recuerda que somos *uno* en el corazón de Dios, en la mente infinita del Padre, el campo intangible e invisible del cual emerge toda la creación.

Que estás en los cielos. En la frecuencia vibratoria más encumbrada que puede alcanzarse con nuestros pensamientos más bellos y los más nobles sentimientos; cuando le brindamos un servicio a la vida con infinito amor y sin mezquindad, es decir, sin esperar nada a cambio. Y, desde luego, también con una simple y sencilla oración.

Santificado sea tu nombre. Cuando Dios se ha hecho presente a la humanidad, como fue el caso de Moisés, se ha presentado como *Yo soy el que soy. Yo soy*, corresponde a uno de los 72 nombres de Dios para los hebreos, el cual se considera como el más sagrado, pues corresponde al principio generador de toda la vida. Además, este nombre es la individualidad de su presencia en cada uno de nosotros.

Por tanto, debemos entender que santificar el nombre de Dios es respetarnos y amarnos a nosotros mismos, a los demás y a la vida en todas sus formas, pues la presencia bendita del Padre se encuentra presente en toda corriente de vida. Cuando te sientas confundido, enfermo o cansado puedes repetir la siguiente oración:

Yo soy la manifestación divina y perfecta de la presencia de Dios en mi cuerpo, mi mente, mi mundo y mis circunstancias, que atraviesa por un mal momento. Pero sé, y el corazón me lo dicta, que con Él y en Él hasta lo imposible se hace posible.

Venga a nosotros tu reino. Que el Reino de los Cielos se haga manifiesto en nuestro plano material, y que las bendiciones del cielo sean para todos y cada uno de los hijos de Dios, en el aquí y el ahora, en nuestro cuerpo, nuestra mente, en nuestro espíritu y en nuestra realidad material.

Hágase tu voluntad. Así en la tierra como en el cielo. Que la voluntad divina del Padre se haga manifiesta en todos los planos de la existencia, tanto en los más encumbrados lugares de la mente de cada uno de sus hijos como en la realidad cotidiana: "Como es arriba es abajo".

Danos hoy nuestro pan de cada día. El pan representa todo lo que necesitamos para nuestra existencia. Cuando se refiere al presente, cada hoy, significa que no debemos preocuparnos por el mañana ni cargar con el ayer como una lápida atada a la espalda. Por eso, el único momento que nos pertenece es *hoy*, la eternidad se construye con cada instante, con cada hoy.

Y perdona nuestras ofensas, como nosostros perdonamos a los que nos ofenden. Ésta es la genuina medida del perdón; cuando perdonamos a los demás, por la gracia y misericordia divina, también somos perdonados. Sólo entonces nuestras oraciones pueden alcanzar el corazón de Dios.

No nos dejes caer en tentación. Esta invocación nos marca la necesidad de mantenernos en alerta y vigilar nuestros pensamientos, sentimientos y emociones para sostener un contacto consciente con el Ser Supremo y con ello alimentar sin interrupción el vínculo que nos mantiene unidos a la fuente generadora de toda la vida, la mente infinita del Padre; cuando se mantiene ese vínculo consciente con el Eterno, su amor, misericordia infinita, protección y provisión se hacen manifiestas en todo momento y en todo lugar.

Y líbranos del mal. Caminar tomados de la mano del Padre nos permite transitar serenos y tranquilos en toda circunstancia, pues Él es nuestro escudo, protección y provisión. Además, su poder es infinito y su amor hacia nosotros no tiene parangón. Recuerda: *Si Él en mí y yo en Él ¿quién o qué contra mí?* Caminar de forma consciente, tomados de la mano de nuestro Creador nos aleja de todo mal y nos permite experimentar el Reino de los Cielos en el aquí y el ahora, donde todas las cosas fluyen para bien.

Amén. Así sea.

Capítulo 16

Oración con la fuerza espiritual de los colores del arcoíris

Es con el arcoíris que Dios hace una alianza eterna con la humanidad. A lo largo de la historia de la humanidad se le han atribuido al arcoíris dones, magia y poder. Existe una leyenda irlandesa que dice que al final del arcoíris existe un gran tesoro. Sabemos que los mitos y las leyendas no sólo son relatos fantásticos, sino que también tienen algo de la realidad. No obstante, aun sin brindarle importancia a esto, estoy segura que cuando contemplas la belleza de un arcoíris percibes algo muy especial desde lo más profundo del corazón. Tal vez sea el recuerdo inconsciente de la alianza que Dios entabla con la humanidad por medio de esta maravilla; quizá sea porque al observarlo también, de manera consciente o inconsciente, entablas una comunión espiritual con el Eterno, y en ese instante se establece un vínculo callado y secreto con la fuente generadora de toda la vida y manifestación material.

No obstante, más allá de toda especulación y reminiscencia consciente e inconsciente, hoy, desde la perspectiva de la física, sabemos con toda certeza que los colores *vibran*. Es decir, cada color cuenta con una frecuencia vibratoria particular. Desde el punto de vista de la metafísica sabemos que a cada color se le atribuyen dones específicos. La Psicología Cuántica y del Espíritu realiza un puente entre ciencia y espiritualidad, entre física y metafísica, y vincula los niveles de frecuencia vibratoria de cada uno de los colores del arcoíris con dones particulares mediante la magia de la visualización y, desde luego, con el poder de la oración.

Para realizar la oración con el uso de los colores del arcoíris, imagina a cada uno tal cual se vayan mencionando:

1. Imagina que te cubre y recorre todo tu cuerpo y rodea a tu cabeza.
2. Imagina que cubre tu hogar.
3. Imagina que cubre tu espacio de trabajo.
4. Imagina que cubre a las personas por las que tú intercedes o solicitas algún beneficio.
5. Imagina que cubre a tus vecinos.
6. Imagina que cubre tu colonia.
7. Imagina que cubre tu ciudad.
8. Imagina que cubre tu nación.
9. Imagina que cubre América.
10. Imagina que cubre Europa.
11. Imagina que cubre Asia.
12. Imagina que cubre África.
13. Imagina que cubre el mundo.
14. Imagina que cubre el Universo y siente en lo más profundo de tu ser, la dicha de transformarte en una luz para el mundo.

Lo importante de esta visualización es que expandas la luz de cada color por medio de la imaginación hacia la persona, lugar o circunstancia que requiera el beneficio de la luz eterna, la luz divina, la luz de Dios, ya que así como somos conductores de la energía eléctrica, también lo somos de la luz Divina por medio de la imaginación y el recurso mágico y milagroso de la oración. No olvides aderezar con el más profundo sentimiento cada visualización.

Oración con los colores del arcoíris.
UN DIÁLOGO CONSCIENTE CON LA LUZ ETERNA,
LA LUZ DE DIOS

Padre, que tu *luz blanca* y divina alumbre mi camino, el de [menciona el nombre o lugar que requiera la intervención divina] y el de la humanidad; que tu luz divina eleve la conciencia de la humanidad y se manifieste en todo segmento de vida.

Que la *luz violeta* de tu perdón y misericordia divinos sea el camino de libertad y transmutación de todo error pasado, presente y futuro, así como de sus causas, núcleo y efectos, y de todo aquello que de forma consciente o inconsciente haya generado daño, dolor y sufrimiento a cualquier segmento de vida.

Que la *luz azul* de protección y voluntad divina cubra cada partícula de mi ser, mi cuerpo, mi mente y mi espíritu. Que tu luz azul de protección y voluntad divina sea el resguardo de mi hogar, mi familia, mi centro de trabajo, los seres que amo y cada segmento de vida.

Que la *luz verde* sea la fuente de salud y vitalidad para cada célula, nervio, vértebra, hueso, mucosa, neurona, glándula, órgano y sistema de mi cuerpo. Que la luz verde, el fuego sagrado de curación divina, curación de Dios, se manifieste para sanar el cuerpo, el alma, la mente, y el espíritu de todo ser vivo. Que la luz verde de tu presencia divina abra las compuertas de la abundancia sin límites que emana de tu mente infinita y tu generoso corazón para toda corriente de vida. Que sea también fuente eterna de verdad y justicia para la vida en toda manifestación.

Que la *luz amarilla-dorada* de tu inteligencia infinita y la sabiduría de tus pensamientos sean mi guía en todo momento y en todo lugar. Que en mi confusión tu luz dorada sea claridad; que en mi ignorancia, sea conocimiento; que la sabiduría y la inteligencia de tu mente infinita sean mi luz y mi rumbo en mi caminar diario.

Que la *luz naranja* instale la paz y la armonía en mi mente y en mi corazón. Que en ella tu presencia bendita sea el camino de reconciliación entre los hombres y las naciones. Que bajo el amparo de la luz naranja de tu divina presencia prosperen todos mis anhelos y mis sueños más encumbrados se hagan realidad. Que la luz naranja que emana de tu mente infinita y tu bendito corazón abra los caminos de la prosperidad para mí, para los míos y para cada uno de tus hijos.

Que la *luz rosa* de tu amor divino se expanda y sostenga a toda manifestación de vida. Que tu amor bendito nos permita navegar en el océano infinito de todas las posibilidades para el despertar de conciencia de la humanidad entera. Que sea la luz cósmica de amor divino el cobijo de nuestros sueños, el consuelo de nuestras tristezas, compañía en nuestra soledad. Que la luz rosa de tu bendito y divino amor nos permita eliminar ahora y para siempre miedos, angustias y desolación. Que en la luz rosa de tu amor divino florezca la primavera y el alba de un nuevo amanecer para la humanidad entera y para cada ser vivo que habita este bendito planeta que nos regalaste como hogar.

Y que la luz de cada uno de los colores del arcoíris, con el que en un tiempo sin tiempo firmaste una alianza eterna con la humanidad, nos recuerde a cada momento que no caminamos solos, que quien hizo cielo, mar y tierra ¡está siempre conmigo!, con los que más amo y con cada uno de los hijos de Dios. Amén.

Desde lo más profundo del corazón da gracias en silencio y experimenta la maravillosa sensación de las luces del arcoíris que te cubren y, con ello, la bendición eterna del Señor, nuestro Dios, que te cobija con luz y amor de su bendita presencia, colma de paz tu corazón, te muestra su gracia, bondad y misericordia en todo momento y en todo lugar mientras ilumina tu sendero y tu diario caminar.

Capítulo 17

La crucifixión de Cristo Jesús: su significado cuántico y espiritual

Hablar de la crucifixión de Cristo Jesús es hablar del evento que transforma la historia de la humanidad. Sólo te pido que leas este capítulo con la mente y el corazón abiertos y que, sin importar la religión que profeses o creencia particular que tengas respecto a Jesús, el Cristo, lo hagas con profundo respeto. Esto tiene el fin de que logres deslindar todo concepto religioso y que veas en Él al hombre que pretendió cambiar al mundo con amor.

También te suplico que no nos quedemos en la superficie, donde sólo se puede percibir desde el plano material, y que, más allá del dolor y sufrimiento experimentado por nuestro hermano mayor por medio del vía crucis y la crucifixión, veas el verdadero sentido de su entrega y sacrificio. Para ello, tendremos que recurrir a las leyes universales, así como al comportamiento de las células más diminutas de la materia en el campo subatómico. También, por medio de la ley de correspondencia, tendremos que realizar una extrapolación de lo que acontece en el mundo subatómico con el mundo de la realidad material y el acceso a la Dimensión de los Milagros para lograr comprender no sólo con la razón, sino también con el corazón. Así, con plena conciencia, retomaremos el camino del amor, el perdón y la libertad que nos conduce hacia el corazón del Padre, el que nuestro hermano mayor abrió con amor infinito y que permanece abierto para todo aquél que le quiera seguir.

De tal manera que, al hacer nuestro el significado más profundo de dicho evento, sea posible liberarnos de culpas calladas que se resguardan en lo más profundo de nuestro inconsciente. Éstas, sin darnos cuenta, nos conducen a una vida miserable, plagada de carencias, enfermedades y todo tipo de conflictos y problemas, pues de manera inconsciente, impulsados por la culpa misma, creemos que debemos pagar con nuestro propio dolor y sufrimiento el que experimentó Cristo Jesús en la cruz.

Cuando nos dicen que Cristo murió crucificado por nuestros pecados, aún sin darnos cuenta, nos llenamos de vergüenza, culpa y miseria interior, lo cual nos conduce también, de manera inconsciente, a evadir nuestro contacto consciente con Él. Y es por la culpa que con frecuencia nos desconectamos de la fuente generadora de toda la vida, del Creador de todos los mundos, la mente infinita del Padre, lo que genera neurosis, depresiones, violencia, así como todo tipo de adicciones, relaciones dependientes y destructivas, al pretender evadir el castigo, el dolor y el sufrimiento. Incluso nos puede conducir a negar su existencia y con ello la necesidad que el alma tiene de reencontrarse con lo Supremo.

Así, hay muchas preguntas que no encuentran respuesta y situaciones cotidianas que no tienen solución y que enfrentamos como humanidad, las cuales existen porque nos encontramos alejados del Ser Supremo, pero podrían resolverse, sólo debemos abrir los ojos del alma y aprender a escuchar con el corazón.

Como te mencioné al inicio de este capítulo, para extrapolar este evento, la crucifixión de Cristo Jesús, con lo que acontece en el campo subatómico, atendiendo a la dinámica de las partículas más diminutas de la materia, es necesario utilizar una de las más connotadas leyes universales: la ley de correspondencia ("Como es arriba es abajo").

Es decir, así como es en el cielo también es en la tierra, como es en lo más alto también es en el mundo subatómico. Si bien recuerdas, las partículas más diminutas de la materia, para lograr penetrar en el campo invisible e intangible en donde se tiñen con la gloria del Eterno para transformar la realidad material, primero deben despojarse de toda carga material realizando la función onda, que equivale a una inclinación o una reverencia, como si las partículas más diminutas de la materia reconocieran su propia pequeñez y fragilidad material y a la vez percibieran la infinita grandeza del Espíritu Divino. Sólo entonces, justo después de la función onda, logran penetrar en el campo cuántico, campo supracuántico, campo de Higgs o la Dimensión de los Milagros, desapareciendo al ojo humano, que sólo puede percibir lo estrictamente físico o material.

Es así como una diminuta partícula se abre el camino para que las demás logren penetrar en esa dimensión mágica y fantasmagórica, invisible e intangible para el ojo humano, como Cristo Jesús, nuestro hermano mayor, maestro y salvador. Gracias a ese salto cuántico, pudo ofrecernos este camino de redención y transformación mediante su entrega y sacrificio. Sólo recuerda que lo hizo por amor y no para cargarnos de culpa y miseria humana.

Él sabía bien a qué venía, sabía bien lo que le esperaba. Por ello, antes de ser capturado, cuando se encontraba realizando oración en Getsemaní, aquélla que se conoce como *La oración del huerto*,[1] se refiere a las ocasiones en las que Él

---

[1] *Mateo* 26,39/40/42

dice: "Padre, si te es posible, aparta de mi este cáliz, pero que no se haga mi voluntad, sino la tuya".

Este hecho, en un momento supremo de humanidad, equivale a la función onda que realizan las partículas más diminutas de la materia, ya que, al despojarse de la voluntad humana y material, se propicia un salto cuántico, es decir, el acceso a la dimensión intangible e invisible, la Dimensión de los Milagros. Así, nuestro redentor abre un camino de luz para la humanidad. Esto es análogo a lo que acontece en el mundo subatómico, donde se encuentran las partículas más diminutas de la materia, cuando dichas partículas logran penetrar en la dimensión intangible e invisible de donde proviene toda la creación, mediante la función onda, o reverencia, con la cual consiguen despojarse de toda carga material. Así, nuestro hermano mayor abrió las puertas del cielo al renunciar a todo deseo, apego o voluntad humana, y ya investido con la voluntad divina, el espíritu de Dios, se preparó para el cumplimiento de su misión, la cual culminó en la crucifixión en el Monte Calvario, después del vía crucis o camino de la crucifixión.

Y ya en la cruz, después de tanto padecimiento, cuando experimenta la traición y el abandono incluso de quienes más decían amarle, cuando sufre el desprecio, los azotes y las burlas, cuando le colocan una corona de espinas que hace brotar sangre de sus sienes y la frente, ningún dolor le era ajeno, sus propios dolores físicos, el dolor de ver a su madre con el alma desgarrada, parecía cargar con todos los pesares y errores humanos sobre su espalda. Bien podía habernos maldecido una y mil veces, sin embargo, sus primeras palabras fueron: "Padre, perdónalos porque no saben lo que hacen".

Él sabía bien que el perdón genuino, el que se entrega de corazón, abre un camino de libertad hacia el amor divino, y es precisamente por medio de ese perdón que logra despojarse de todo resentimiento, miedo o apego alguno. Así como hacen las partículas más diminutas de la materia al despojarse de todo componente material para penetrar en esa maravillosa dimensión, donde se tiñen con la gloria del Eterno, luego retornan al plano físico y material, pero con el poder de transformar la realidad.

Es con el perdón que Él logra despojarse de toda carga material, de todo apego y elevarse hasta el corazón del Padre; es también con su sacrificio y su propia muerte que realiza la función onda, tal como lo realizan las partículas más diminutas de la materia en el mundo subatómico, sólo que en este caso en el plano material, mental y espiritual, y así abrir un camino de gloria y libertad para quien deseé seguirle hasta esa dimensión infinita, invisible e intangible en donde se experimenta una paz que rebasa toda comprensión, y nos recuerda que el amor infinito del Padre está a nuestro alcance, no más lejos que un suspiro, no más lejos que una oración.

Este camino de libertad, amor y trascendencia se encuentra abierto para todo aquél que se atreva a perdonar de corazón e invocar su ayuda, su guía y protección. Recuerda que Cristo Jesús, nuestro hermano mayor, nos señaló: "Que no se turbe tu corazón ni tu mente porque estoy contigo hasta el final de los tiempos".

Ahora ya lo sabes: su vía crucis, crucifixión y muerte no fueron para cargarte de culpa, dolor y sufrimiento. ¡No! ¡Fue por amor! Por un amor infinito que, aun sin darte cuenta, te acompaña en todo momento y en todo lugar, un amor que no guarda reproche ni condición alguna. El camino de la libertad se encuentra abierto para ti. Él mantiene su mano extendida para que puedas asirte de ella sin importar el fondo emocional que estés experimentando, lo profundo del abismo en el que te encuentras o lo oscuro de la noche del alma por la que atraviesas. Te aseguro que no hay lugar ni circunstancia en donde no sea posible acceder al perdón y la misericordia divina, al amor infinito de nuestro Señor.

Por inmenso que sea tu dolor, lo profundo de la caída o los miles de errores cometidos, nunca olvides que alguien infinitamente grande, sólo por amor, abrió un camino hasta el corazón del Padre: el hijo de Dios que se hizo hombre, el hombre que retorna a lo divino para hacerse uno con su Padre, el maravilloso ser que te invita a ponerte de pie frente a la vida para que, tomado de su mano amorosa, descubras y vivas el Reino de los Cielos en el aquí y el ahora.

A ti te corresponde realizar tu propio salto cuántico a la Dimensión de los Milagros:

- Perdona todo lo que tengas que perdonar. No permitas que ningún resentimiento empañe tu camino de libertad y plenitud.
- Recuerda que sólo el que perdona es perdonado.
- Acepta el problema que quieras solucionar o la circunstancia que desees transformar.
- Realiza una derrota voluntaria. Esto es, acepta también con toda humildad que por ti mismo nada puedes.
- Invoca al Ser Supremo, como tú puedas concebirlo. Si tienes el privilegio de creer en Cristo Jesús, invócale a Él, o bien pide la ayuda, orientación o provisión, en el nombre bendito de nuestro señor Jesucristo.
- Entrega tu problema como se lo entregarías a tu mejor amigo, que además cuenta con todo el poder para solucionar y transformar todo aquello que tú solicitas.

- Abandónate emocionalmente en Él. Repite de forma constante: Él está a cargo, todo está bien, yo confío, confío en ti.
- Agradece por la respuesta aun cuando todavía no sea visible a los ojos físicos: Éste es el camino de la fe.

"Conforme a tu fe te será dado." Sólo recuerda que tal como decía san Juan de la Cruz: "Dios nunca va a hacer por el hombre lo que el hombre debe hacer por sí mismo". Tampoco olvides que somos materia y espíritu, habitantes de dos mundos, de los cuales obtenemos privilegios. No obstante, éstos siempre van acompañados de obligaciones.

El acceso al mundo espiritual, como ahora ya sabes, es viable siempre y cuando tus pensamientos, palabras, sentimientos y acciones estén acorde con tu crecimiento interior y exterior, es decir, seas congruente. También este acceso te invita al descubrimiento y ejercicio de tus infinitos recursos interiores, a las muestras sinceras de humildad que no sólo son antídotos contra la soberbia, la cual nos mantiene separados de lo divino, de la compasión hacia tus semejantes, la bondad y la generosidad, de la mano extendida del Creador. Y, desde luego, nunca olvides que el Reino de los Cielos se encuentra a tu alcance mediante el maravilloso recurso de la oración, la tecnología divina que te permite establecer un facebook con el *Mero Mero*, el Señor, nuestro Dios, Creador de cielo, de mar y de tierra, de todos los mundos y todos los universos.

En el plano material te corresponde hacer lo posible, lo imposible dejárselo a Dios, perdonar todo lo que tengas que perdonar; sólo recuerda que el perdón que te regala Dios implica no repetir hoy lo que ayer realizaste en inconsciencia.

Tu oración

Ahora que sabes cómo hacer oración y conoces todos aquellos elementos que impiden que tu oración toque el corazón de Dios, te invito a que elabores tu propia y maravillosa oración… la que sale de tu propio corazón. Ésa es la oración más bella y poderosa, la que se experimenta como un sentimiento de comunión con el Eterno que te envuelve, que te hace sentir que no caminas sin compañía, pues el corazón te lo dice: quien hizo cielo, mar y tierra ¡está siempre contigo!

Nunca olvides que la oración es nuestro recurso supremo que nos permite establecer un contacto consciente con la fuente generadora de toda la vida, la mente infinita del Padre, y que mediante ella podemos elevar nuestros pensamientos y sentimientos hasta la cumbre de lo divino y acceder a la Dimensión de los Milagros, donde éstos se encuentran al alcance y se perciben como respuesta a la oración que, como un capullo, brota desde lo más profundo del corazón.

Recuerda también que la ciencia materialista un día, mediante un criterio estrictamente científico, nos separó del campo infinito de todas las posibilidades, pero que hoy, gracias a los descubrimientos más impactantes de diferentes áreas del conocimiento, nos acerca a la necesidad de establecer un contacto consciente con la fuerza espiritual que constituye la fuente generadora de toda la creación, y que, aun siendo intangible e invisible para los sentidos físicos, es perceptible por sus efectos en todas las áreas de nuestra experiencia.

Nunca olvides la importancia del proceso de perdón, ya que perdonar de corazón te conduce hasta el amor del Padre, como si el perdón fuera un elevador o helicóptero espiritual que te lleva muy por encima de toda adversidad, hasta alturas insospechadas donde descubres que es posible percibirle a Él en todo momento y en todo lugar, en lo grande y en lo pequeño, en lo finito y lo infinito. A partir de ahora deja de lamentar el daño o la agresión ¡y perdona! No olvides que el perdón no es ponerte de *tapete de la entrada* ni tolerar lo intolerable, sino establecer límites y reglas a nivel material, pero sobre todo romper candados, cadenas y grilletes de inconsciencia para emprender un vuelo de libertad hasta el corazón del Padre, donde es posible construir una nueva y maravillosa realidad en el aquí y el ahora.

Pide con la confianza plena de que todo aquello que solicites te será dado. Sólo recuerda pedir la voluntad divina y perfecta de nuestro Creador para que se manifieste el bien de cada situación. No olvides tampoco que pedir por los demás aumenta la potencia de tu oración, pues todo aquello que pides para los demás lo pides para ti mismo, sólo que multiplicado.

Servir a la vida con humildad y gratitud también es hacer oración. Hacer lo que haces de forma cotidiana con profundo amor es asimismo una manera de orar que enriquece tu vida y la de los demás. Sabes ahora que son reflejo de ti mismo, pues en su más purísima esencia también son tus hermanos.

Orar es platicar con Dios como si fuera tu mejor amigo. Es sentirte siempre cerca del cobijo y consuelo divinos, como impulso y caricia, como armonía en tus sentimientos y paz en el corazón. Es ver a los demás con amor y compasión, percibirlos, aunque sea un poco, con los ojos con los que nos ve Dios.

Orar es agradecer el regalo de cada amanecer y el descanso que te ofrece cada anochecer. Es ver lo bueno de cada situación y procurar ser la mano extendida del Creador en cada oportunidad. Es tratar a los demás como tú mismo quisieras ser tratado, entregar tu mayor esfuerzo en cada actividad que realizas, perdonar de corazón y dejar de lado todo resentimiento y toda sombra de mezquindad y egoísmo.

Orar es establecer un diálogo permanente con quien hizo cielo, mar y tierra, es:

¡Un facebook con Dios!

Que Dios te bendiga siempre
Tu amiga
Raquel Levinstein

Bibliografía

Arenas Gómez, Albino, *Grandes biografías, Albert Einstein*, Madrid, Edimat Libros, 2004.

Arnt, Wiliam, Betsy Chasse y Marck Vicente. *¿Y tú, qué... sabes?*, Madrid, Palmyra, 2006.

Braden, Greg, *El Código de Dios*, México, Editorial Tomo, 2005.

Davis, Paul, *Dios y la nueva física*, Madrid, Salvat, 1988.

Davis, Paul, *Superfuerza*, Madrid, Salvat, 1988.

Fox, Emmet, *El sermón del monte*, Madrid, Obelisco, 2005.

Hacyan, Shahen, *Los hoyos negros y la curvatura del espacio-tiempo*, México, Fondo de Cultura Económica (La Ciencia para Todos), 2005.

Levinstein, Raquel. *Cuando alguien se va*, México, Panorama, 2014.

Levinstein, Raquel, *Dile adiós al sufrimiento*, México, Panorama, 2006.

Levinstein, Raquel, *El perdón, una onda cuántica de libertad*, México, Panorama, 2006.

Levinstein, Raquel. *En busca de un ayer perdido*, México, Panorama, 1998.

Levinstein, Raquel, *La conquista de ti mismo*, México, Panorama, 2012.

Levinstein, Raquel, *Pasaporte a la Dimensión de los Milagros*, México, Panorama, 2015.

Levinstein, Raquel. *Pensando en ti*, México, Panorama, 2014.

Levinstein, Raquel. *¿Por qué no puedo ser feliz aunque me lo pidan por favor?*, México, Diana, 2007.

Levinstein, Raquel. *Señor, quítame lo bruto*, México, Panorama, 2002.

Lipton, Bruce, *La biología de la creencia*, Madrid, Palmyra, 2007.

Lipton, Bruce, y Steve Bhareman, *La biología de la transformación*, Madrid, La Esfera de los Libros, 2010.

Márquez, Ramón, *Los descubrimientos estelares de la física cuántica*, Barcelona, Indigo, 2004.

McTaggart, Lynne, *El experimento de la intención*, Málaga, Sirio, 2008.

Tres Iniciados, los, *El Kybalión*, México, Prana, 2013.

Wilber, Ken, *Cuestiones cuánticas*, Barcelona, Kairós, 2010.

Zohar, Danah, *El yo cuántico*, Edivisión.

Sobre la autora

Raquel Levinstein, pionera de la Psicología Cuántica y del Espíritu con 33 años de trayectoria, es directora del Centro de Servicios Interdisciplinarios para el Desarrollo Humano (CSI-DH), así como presidenta y fundadora de la Asociación Hispanoamericana de Psicología Cuántica y del Espíritu.

Es autora de varios libros considerados *best sellers*, entre los que destacan: *Pensando en ti, En busca de un ayer perdido* y *Señor, quítame lo bruto*; además del *long seller El infierno del resentimiento y la magia del perdón*, libro que recibió la Condecoración al Mérito Editorial y que lleva más de 35 reimpresiones. Es autora de más de 55 audios con reflexiones de autoterapia emocional creados para enfrentar situaciones como la pérdida de un ser querido, el abandono y la infidelidad; también para ser mejor padre, hijo y ser humano, y todos los temas inherentes a la superación personal y el desarrollo humano.

Es una destacada conferencista que sabe tocar las fibras más sensibles de su auditorio. Además, desde hace más de 30 años, colabora con grupos de autoayuda, como Alcohólicos Anónimos, a quienes ama y admira profundamente.

Cuenta también con una importante trayectoria en televisión y radio, donde ha recibido premios internacionales como el Premio Quetzal, el Micrófono de Oro, la medalla Dolores Ayala por la Asociación Nacional de Locutores y el premio Águila de Oro. En la actualidad puedes escucharla en su

programa *Siempre contigo*, que se transmite todas las maña-
nas a las 11:30 por Radio Centro 1030 AM y en todo el mundo a
través de internet en: <www.radiocentro1030.com.mx>.

Ha sido reconocida y premiada, incluso en el ámbito in-
ternacional, en todas las áreas en las que se ha desempeña-
do: escritora, conductora de radio y televisión, conferencista
y, sobre todo, la que ella considera la más importante: la de
promover el cariño de su público.

Si deseas contactar a Raquel Levinstein puedes hacerlo
en la página <www.raquelevinstein.com.mx> o comunicarte
al teléfono 55 41 43 19, donde con gusto te informarán sobre
sus libros, materiales auditivos, así como cursos, talleres y
conferencias con lo más actualizado de la Psicología Cuántica
y del Espíritu.

El poder DE LA oración

Un **facebook** con Dios

terminó de imprimirse en 2015
en Litográfica Ingramex, S. A. de C.V.
Centeno 162-1, colonia Granjas Esmeralda,
delegación Iztapalapa, 09810, México, D. F.